Vorsicht! Steinschlag!

Alles Gute zum Geburtstag

Dieter [Signature]

Bildnachweise

Werner Oppelt, Triberg: Titelseite, Seiten 7, 8, 10, 29, 34, 39, 48, 55, 63, 163, 164, 182, 215, 216, 218, 245 bis 255

Ludwig Schopp, Königsfeld: Seiten 155, 165, 170, 171, 200, 210, 211, 243

Foto Rückseite Umschlag: Foto-Carle, Triberg

Dieter Stein

Vorsicht!

Steinschlag!

Über 450 Gedichte
für Menschen mit Humor

Impressum
© 2020 by Dieter Stein
Kreuzstraße 2, D 78098 Triberg
Email: steinschlag@magenta.de
Alle Rechte vorbehalten

Herstellung und Vertrieb: Mybestseller B.V.
Bookmundo, 3013AE Rotterdam

ISBN: 978-9-4036-0100-7

Inhaltsverzeichnis

1. Buch »Unter einem Apfelbaum«   Seite 11
2. Buch »Steinschläge«   Seite 35
3. Buch »Stein der Weisen«   Seite 65
4. Buch »Stein des Anstoßes«   Seite 91
5. Buch »Steinzeit«   Seite 117
6. Buch »Steinreich«   Seite 141
7. Buch »Stein auf Stein«   Seite 167
8. Buch »Steinhart«   Seite 195
9. Buch »Schiller/Stein«   Seite 219

Grafiksammlung »Hinkelstein«   Seite 244

Wäre der schiefe Turm von Pisa gerade, wäre er nicht so bekannt. Anders sein als andere, dies gilt auch für das Triberger Urgestein Dieter Stein. Hätte er sich nach seinem arbeitsreichen Leben in die große Anzahl der »Bänklefurzer« und »Hosenladensonner« eingereiht, so könnten wir uns, liebe Leserinnen und Leser, nicht an seinen hintergässlerischen Jugenderinnerungen und zahlreichen Gedichten erfreuen. So wie die Gutach den Triberger Wasserfall speist, so speist irgendeine geistige Quelle das Denkorgan dieses Poeten. Fall auf Fall prasseln seine Einfälle auf uns hernieder und entlocken uns oft ein Schmunzeln oder sogar ein helles Lachen. Seine Kreativität beschert uns vergnügliche Geschichten und gut gereimte Verse. Dabei dringt immer wieder sein wacher Geist und sein hintergründiger Humor durch die Zeilen und wir ergötzen uns gerne an seinen niedergeschriebenen Ergüssen. Gute Gedichte schreiben, so wie diese hier, zählt mit zu den höchsten Schwierigkeitsgraden der Schreibkunst. Dieter Stein gelingt dies anscheinend mühelos, da ihm vermutlich diese geistige Ader bereits in die Wiege gelegt wurde. Bleibt uns nur die Hoffnung, dass diese geistige Quelle so schnell nicht versiegt. Wäre Triberg Weimar, so wäre der Bekanntheitsgrad des Schwarzwälder Dichters Dieter Stein sicher noch größer.
Er hätte es verdient!

Ernst Obermaier, Überlingen

Am Triberger Wasserfall

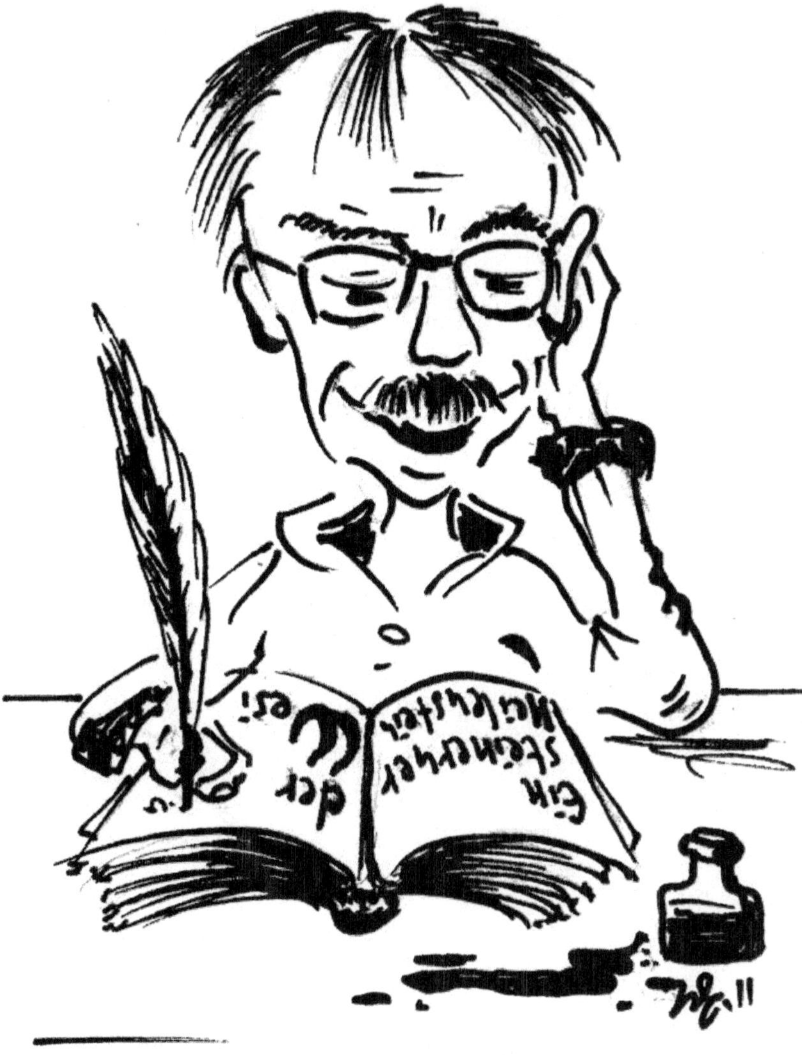

Ein Wort zuvor

Was ich mir schon lange vorgenommen hatte wurde jetzt Wahrheit: Die Zusammenfassung meiner neun Gedichtbände zu diesem Buch. Während der aufwendigen und langwierigen Arbeit stellte ich mir die grundsätzliche Frage, was überhaupt lustig sei?

Dieses kann man subjektiv nicht eindeutig beantworten, aber eines ist ganz klar: Höherer Blödsinn und Humor ist im Allgemeinen in unserer ersthaften und schnelllebigen Zeit nur dann zu ertragen, wenn er mit einer gewissen Portion Sarkasmus gewürzt wird. Viele angeblich lustige Bücher wurden geschrieben, deren literarischer Wert einem strengem Vergleich mit der »großen Literatur« nicht standhalten würden.

Der verstorbene Literaturpapst Marcel Reich-Ranicki hätte mit Sicherheit an diesem Buch seine reine Freude gehabt und es sprachlich wie gestenreich in der Luft zerrissen und mich ohne zu überlegen, in eine »Geschlossene Anstalt« einliefern lassen. Trotzdem habe ich meine oft spontanen Gedichte gesammelt und hoffe, dass Sie, liebe Freunde der skurrilen Unterhaltung, viel Freude an meinem »Gesamt-Kunstwerk« haben.

Die Besonderheit an diesem Buch ist, dass man sich nicht, wie bei einem Roman, stur und höchst wachsam durch jedes einzelne Kapitel »durcharbeiten« muss. Je nach Lust und Laune darin zu stöbern, das ist Sinn und Zweck dieser Gedichtsammlung. Es gehört deshalb nicht in den Bücherschrank, nein, es sollte zumindest griffbereit auf dem Nachttisch liegen.

Die Gedichte und geistreichen Sprüche sind bewusst nicht nach Gebieten geordnet. Schon deshalb ist es völlig egal wo man zu lesen anfängt oder aufhört. Hauptsache man liest es!

Ich wünsche Ihnen mit dieser Lektüre viel Spaß.

Dieter Stein

Unter einem Apfelbaum

Ich saß einst unter'm Apfelbaum
und fing plötzlich an zu dichten.
Aus einem Buch, man glaubt es kaum,
wurden neun Geschichten.

Diese hab ich unzensiert
zu diesem Buch vereinigt,
die Verse sind nun komprimiert
und Fehler sind bereinigt.

Unter einem Apfelbaum

Gedichte, die die Welt nicht braucht

1. Buch

Wer den Humor nicht ernst nehmen kann, der hat auch keinen!

Klingelingeling

Klingelingeling, klingelingeling,
am Boden liegt der Ehering
welcher leider nicht diskret
dem jungen Mann vom Finger
geht.

Grund für dieses schnelle Drehen,
(ein Augenpaar hat ihn gesehen)
ist, es sitzt ein holdes Wesen
ihm gegenüber kess am Tresen.

Die Dame lächelt mild und hold,
»gib mir nur den Ring aus Gold,
denn dieser, ich sag's geradezu,
*ist mir 999-mal lieber als Du!«

Die preiswertere Version
* ist mir 585-mal lieber als Du!

Die Sparversion:
* ist mir 333-mal lieber als Du!

Imperia

In Konstanz im Konzilium,
da liefen einst leichte Mädchen
rum,
welche gern die Pfaffen lieben,
das ist verbürgt und steht
geschrieben.

In vier Jahren, die nicht enden,
kreist auch ein Bischof gern die
Lenden,
sofern er was zu kreisen hat,
es lebe hoch das Zölibat!

Imperia, du Frau der Freude,
dich lieben wir ja auch noch heute,
du drehst dich rum in drei Minuten
mit Kaiser und dem Papst, dem
Guten.

Das Monument soll jedem zeigen,
(gewollt makaber ist der Reigen),
dass auch ein hoher Würdenträger,
fleischlich ist sehr nicht integer.

Es schneit

Draußen wirbeln weiße Flocken,
die Welt strickt sich ihr Winter-
kleid.
Kinder in der Stube hocken,
und freuen sich: »bald ist's soweit!«.

Das Christkind kommt auf leisen
Sohlen,
bringt allen Freud', ob Groß, ob
Klein,
man darf Geschenke sich dann holen,
drum ab sofort - recht artig sein!

Advent

Advent - sich wieder einmal zu besinnen,
festzuhalten Zeit und Raum,
aufzuhalten was will verrinnen,
ist Jedermannes größter Traum.

Doch sind vorbei die stillen Nächte
und drücken wieder Alltagssorgen,
dann machen breit sich and're Mächte,
bestimmen deinen Weg ins Morgen!

Angebliche Liebe

Mancher sucht zum Zeitvertreib,
die Nähe einer Frau - dem Weib.
Wenn er sich wohlfühlt, kommt's zum Kuss,
doch dann ist noch lang nicht Schluss!

Denn stehen Frauenlippen offen,
darf er gern auf Weit'res hoffen,
und ist es dann um ihn geschehen,
kommt ein Klagen und ein Flehen!

Die liebe Frau will halt noch mehr
und das ärgert ihn halt sehr,
denn er wollt sich ja nicht binden
und schnellstens eine andere finden!

Das maßgeschneiderte Kleid

Die Frau tut durch die Wohnung fliehen
und schreit »ich hab nichts anzuziehen
und brauch was Neues in den Schrank«,
da meint der Gatte: »die ist krank«.

»Mitten in der Winterszeit
braucht man doch kein neues Kleid«,
meint der Gemahl und ist erstaunt,
die Gattin ist sehr schlecht gelaunt.

So stürmet sie mit viel Gebraus
und ganz dynamisch aus dem Haus,
darum sie das Gleichgewicht verliert
und siehe da, schon ist's passiert.

Man holte schnell den Rettungswagen,
hat sie zum Doktor hingetragen,
der benutzte seinen Grips,
und meint: »die Dame muss in Gips«.

Da liegt sie nun und mit viel Verdruss,
hat einen Gips von Kopf bis Fuß,
welcher sie zwar nicht erheitert,
doch der Gips ist maßgeschneidert.

Das unnötige Fasten

Die angedachte Hungerkur
vertreibt die gute Stimmung nur,
denn schon kommen die Gedanken,
»was will ich nur bei all den Schlanken?«

So muss sich halt der Dicke fragen,
»was ist, wenn ich hab nichts im Magen,
ich darf nur an dem Essen nippen,
damit der Speck fällt von den Rippen.«

Nun, man ist ja Herr der Lage,
ein kurzer Blick nur auf die Waage
zeigt, man ist noch weit entfernt,
bis die Figur total entkernt.

Man ist bereit und auch entschlossen,
weg mit den Chips aus runden Dosen,
es gibt Obst, Gemüse und Tomaten,
die dem Benutzer gar nicht schaden.

Biere, Sekt und kühlen Wein
lässt man beim Fasten lieber sein,
denn das sind viele Kalorien,
die werden einem nicht verziehen.

Nach vierzehn Tagen - das war gut,
hat man zum Wiegen neuen Mut
und siehe da, man freue sich,
ein halb Pfund Minus unterm Strich

Dieses freudige Ergebnis,
verhilft doch zum Erfolgserlebnis
und man findet es auch schön,
das Fasten soll so weiter geh'n.

Die Zeit, die schreitet weiter fort,
treibt nebenher noch eifrig Sport,
und um die Pfunde zu verlieren,
stützt man sich ab auf allen Vieren.

Ein neuer Blick auf uns're Waage,
zeigt, beschissen waren all die Tage,
denn das Fasten Tag und Nacht,
hat das Gewünschte nicht gebracht.

Während man nach Besserem strebt,
merkt man plötzlich, dass man lebt
und ist beim Hungern ganz allein,
»warum soll ich auch mager sein?«

Die Erkenntnis hat gedauert
und kurz zuvor, eh man versauert,
frisst man sich wieder zum Gewicht,
ihr Leut', das war ein Scheißgedicht.

Das Pferd

Ein Pferd, das weiß ich ganz genau,
macht nicht mäh, mäh, es macht miau!

Doch wenn es grunzt zu mancher Stund',
ist es kein Zebra, nein, ein Hund!

Und bellt es noch ganz ungemein,
ist es mit Sicherheit ein Schwein.

Der Arme

Er ist sehr arm und auch sehr krank,
hat keine Kröten auf der Bank,
darum sitzt er auf derselben
und zwar auf einer gelben!

Der Bescheidene

Musik machen kann ich nicht,
ich kenne keine Noten,
drum schreib ich lieber ein Gedicht,
für euch – ihr Vollidioten.

Lieder singen kann ich nicht,
dafür fehlt mir die Stimme,
drum gibt es wieder ein Gedicht
und das, das ist das Schlimme.

Gedichte schreiben kann ich nicht,
das wissen ja die meisten,
drum schließe ich jetzt dies Gedicht,
ich kann es mir ja leisten.

Der Besuch

Besuch ist angesagt,
doch mich hat keiner mal gefragt,
ob ich will heute liebe Gäste
laden ein zum kleinen Feste.

Doch was soll's -
nachher bin ich furchtbar stolz,
wenn, nachdem sie hochzufrieden,
die Gäste sind von uns geschieden.

Der Hausmann

Das Geschirr türmt sich zu Bergen,
das stört mich nicht, ich bin allein,
denn es wird wohl keiner merken,
bin kein Hausmann - bin ein Schwein.

Der Faulpelz

Meine Schuhe sind voll Schmutz,
doch bevor ich diese putz,
bleibe ich lieber gleich zu Haus,
denn ohne Schuh' geh ich nicht aus.

Der Dichter

Ein Dichter ist ein armer Mann,
weil er sehr gut reimen kann.
Er bringt die Verse hintereinander,
drum wird er zwangsläufig bekannter!

Es spricht sich rum bei allen Festen,
»Dichter, gib ein Spruch zum Besten,
mach es nur kurz, doch auch ausführlich«,
der Dichter denkt, »jawohl natürlich«.

Der Auftraggeber meint zum Spaß,
»da der Dichter eh ein Ass,
schmiedet er der Zeilen hundert«,
was den Dichter doch verwundert.

Was soll er schreiben, was auch bringen,
wie soll das Gedicht gelingen?,
denn ihm fremd ist die Person,
kein Manuskript - nur Hungerlohn.

Für geist'ge Taten auf der Welt,
gibt's Naturalien - kein Geld.
Drum kann ein Dichter nicht bestehen,
muss weiterhin zur Arbeit gehen.

Doch ist er tot - in hundert Jahren,
wird Ehre er vielleicht erfahren
und ein Denkmal wird enthüllt,
mit seinem bronz'nen Ebenbild.

Der kühne Springer

Vom Turme aus, zehn Meter oben,
sieht er die Menschenmassen toben,
welche auf den Hechtsprung warten,
drum sollte der Jüngling endlich starten.

Er setzte an zum großen Sprunge,
holt tief Luft mit seiner Lunge
und gab was er zu geben hat,
doch ganz unten war er platt.

Ach, ihr Leute ich vergaß,
unten war ja gar kein Nass
und dazu gab es auch kein Becken,
d'rum tat der kühne Held verrecken.

Der Patient

Herr Meier kam ins Krankenhaus,
denn der Blinddarm musste raus,
er war desselben überdrüssig
und er ist auch noch überflüssig.

Schön war für Meier diese Welt,
denn das Krankenhaustagegeld
lässt den Schmerz doch sehr versüßen,
soll doch die Krankenkasse büßen.

Ein Einzelzimmer – welche Pracht
und seiner Krankheit angebracht,
erwartet ihn mit Fernsehblick,
privat versichert – welch ein Glück!

Er liegt »Privat« und daher besser,
wenn der Doktor zückt sein Messer,
denn das Skalpell, was nicht gewöhnlich,
führt der Chefarzt höchstpersönlich.

Doch kaum liegt Meier in Narkose,
hat er den Salat mit Soße,
denn ein Ärztlein aus Bengalen
entfernt den Appendix ohne Qualen.

Ist Meier dann ganz zart und sacht
aus der Narkose aufgewacht,
dann sagt er gleich, »ich spür sogar,
dass hier der Chefarzt tätig war.«

Welche Pracht an Schnitt und Nähten,
der Meier könnte beinah beten,
weil ihm die Kunst der weißen Kittel
sehr gefällt – er hat die Mittel.
Das Gedicht ist jetzt zu Ende,
gesegnet seien die Chefarzt Hände.

Der Streber

Der Streber ist uns stets willkommen,
denn er hat Power und Niveau,
er hat das Ruder sich genommen
und er ist glücklich und auch froh.

Der Streber, der geht über Leichen,
sieht nicht nach links und nicht nach rechts,
jeder sollte vor ihm weichen,
unabhängig des Geschlechts.

Der Streber sitzt schnell ganz oben
auf dem Throne
und hat dazu vielleicht ein Kind,
dann erklärt er seinem Sohne,
dass alle nur Idioten sind.

Ein Streber, ja der kann sich's leisten,
denn er hat es zum Chef gebracht,
ist nicht bescheiden wie die meisten,
hat andere stets ausgelacht.

Der Weiberheld

Mancher wäre gern ein Frauenheld,
drum nimmt er meist sein ganzes Geld
und kauft sich so ein Weiblein ein,
sie kann ja gern aus Thailand sein.

Kommt dann die »Ware« eingeflogen,
merkt man, dass er ward betrogen,
denn die Frau die dort en vogue,
entspricht niemals dem Katalog.

Hat man sich dann daran gewöhnt,
dass die Dame ward geschönt
und diese dann nach Liebe fleht,
merkt man schnell, es ist zu spät.

Die Griller

Weil die Menschheit es so will,
glüht überall der Sonntags-Grill,
um zu brutzeln mit Gekreisch
das eingekaufte fette Fleisch.

An Würsten, die die Griller haben,
können sich die Gäste laben
und wer die Grillerschar gut kennt,
weiß, die meisten Würste sind verbrennt.*
*(*Eigentlich heißt es verbrannt,
doch es reimt sich nicht, das ist bekannt.)*

Ist dann die Gegend rauchgeschwängert,
wird die Grillzeit noch verlängert,
denn der Würste Innenteil,
ist noch ganz kalt – das ist nicht geil.

Liegt dann das Bratgut auf dem Teller,
werden alle Minen heller,
denn man verspeist mit Appetit
das Mitgebrachte eifrig mit.

Ein Bierchen und 'nen Schnaps darauf,
(daran dachte man beim Kauf),
bringt Stimmung – und vor allen Dingen,
getraut sich jeder mitzusingen.
Und dieses auch mit ganzer Kraft,
das freut enorm die Nachbarschaft!

Entgangenes Geschäft

Die Zähne werden, trotz geputzt,
im Lauf des Lebens abgenutzt,
drum muss man jetzt den Zahnarzt bitten:
»installier mir nun die Dritten.«

Der Doktor jubelt voller Freude
über diesen Kranken heute,
doch er findet 's jammerschade,
verzichtet der Patient auf Implantate.

Die Kaffefahrt

Man verkaufte mir zu jenem Zwecke,
dass ich nicht friere, eine Rheumadecke,
welche ich hab nie geschätzt,
denn die hat man mir aufgeschwätzt.

Die Busse aus der ganzen Gegend
holten die ab, die vermögend,
um sie mit Sprüchen anzulocken
und hinterher dann abzuzocken.

Um die Rentner zu beschwören,
dass zur Elite sie gehören,
kam man mit großen Angeboten
und steigert so die Mitfahrquoten.

Ganz en passant in zwei, drei Zeilen
schrieb man, man solle sich beeilen,
den Gewinn gleich sich zu krallen,
ansonsten würde er verfallen.

So kamen nun zum Ort der Freude,
genau wie ich, auch and're Leute,
welche sich auch gar nicht scheuen,
sich auf die Knödel sehr zu freuen.

Der Braten war auch angekündigt,
drum hat man sich auch gern versündigt.
Doch dieser schnell im Halse steckte,
als man erfuhr, was man bezweckte.

Gesundheitlich treibt man kein Spiel,
drum ist es das erklärte Ziel,
diese lange zu erhalten,
das gilt besonders für die Alten.

Als ich das hörte von den Alten,
hab ich auf »Stur« gleich umgeschalten,
trotz des Zorns vernahm ich auch,
dass auch ich so eine Decke brauch.

Der Referent, ein blonder Junge,
redete mit Engelszunge,
um auch mich zu informieren,
»ohne Decke tut man frieren.«

Außerdem, das war der Gag,
das Rheuma sei auch plötzlich weg,
genial die Wirkung dieser Daunen,
(durch die Runde ging ein Raunen).

Nun gut, man hat auch mich bekehrt,
das war ursprünglich nicht verkehrt,
doch als es ging an das Bezahlen,
erlitt ich einfach Höllenqualen.

Der Preis, der machte mich dann stutzig
und war alles andere als putzig,
doch der Verkäufer sich verbürgt,
dass diese Decke Wunder wirkt.

Ich ließ mich deshalb überzeugen,
nenne eine Decke nun mein Eigen
und bei Kaffee und bei Kuchen
versuchte ich, den Sinn zu suchen.

Der Händler tut als ob er heilig
und hat es plötzlich furchtbar eilig,
denn das Etikett, was eingenäht,
entdeckt man leider oft zu spät.

Bevor man kann den Händler fragen,
sitzt er bereits in seinem Wagen,
um gleich kräftig Gas zu geben,
denn er fährt jetzt um sein Leben.

»Made in China«, fern der Welt
in Kinderarbeit hergestellt,
das konnte man ganz deutlich lesen,
oh, was bin ich blöd gewesen.

Ich sitze nun mit meiner Decke
daheim in irgendeiner Ecke
und wart' vergeblich auf Applaus,
die Dummen sterben niemals aus.

Die neue Brille

Man braucht, so ist es Gottes Wille,
ab und zu 'ne neue Brille,
damit man sieht - sofern Bedarf,
alles wieder klar und scharf.

Doch bevor ein Glas vermessen,
wird lange Zeit im Stuhl gesessen,
um Dioptrien anzugleichen,
die vom Vormodell abweichen.

Ein Viertel weg - ein Achtel mehr,
ach das Gestell, das drückt so sehr.
So nach drei Wochen ist's soweit
(es wurde auch so langsam Zeit).

Die Brill' ist da - man ist gespannt,
nimmt das Modell erst in die Hand,
setzt sie behände auf die Nas -
»was ist denn das?!!!«

Alles verschwommen - nur Konturen,
von Schärfe gib es keine Spuren.
Doch nach Tagen - oder Wochen
(es wurde nicht zu viel versprochen)
sieht man alles hell und klar -
neue Brille - wunderbar!

Die Rente

Die Rente, einst so hochgepriesen,
verliert an Zauber und an Kraft,
denn es ist ja nicht bewiesen,
wie lang die Kasse das noch schafft.

Was einst der Blüm uns fest geschworen,
glaubt, dass das Geld ja sicher sei,
der hat das Spiel bereits verloren,
Rentner auf – wir sind dabei.

Leider wir zu wenig sterben,
denn wir sind zu selten krank,
was soll der Staat uns auch vererben,
denn dieser ist ja eh schon blank.

Dreikönig

Drei Könige kommen zu dem Kinde,
geführt durch des Morgenlandes Winde.
Bringen Gaben hin zum Stalle,
auf das dem Knaben dies gefalle.

Gold und Myrrhe bringt die Sippe
dem Jesuskindlein an die Krippe
und etwas Weihrauch, gut geschüttelt,
hat auch Jesus aufgerüttelt.

Der Duft, der süßlich kommt geflogen,
erfreut das Kindlein, ungelogen,
denn es schnuppert alles ein,
Haschgeruch kann nicht Sünde sein!

Maria zu dem Josef spricht,
»das bisschen Weihrauch hilft uns nicht,
ich hätt' gern mehr von diesen Dingen,
die uns in eBay Kohle bringen.«

»Wir können leider nichts verkaufen
und das Geld beim Wirt versaufen.
Wir sitzen hier auf einer Bank
bei Esel- und auch Kuhgestank.«

Jesus kreischt im kalten Bett,
»warum kennt keiner das Internet?,
dann könnt die Mama und der Sepp
es dealen, doch der ist ein Depp.«

»Der jammert rum, ganz gramgebeugt
und hat mich nicht einmal gezeugt,
keiner da, der dies beweist,
drum schiebt er es auf den Heiligen Geist.«

Der Hundefreund

Es starb der Hund vom Hundefreund,
drum hat der bitterlich geweint,
denn der liebe kleine Mops
fraß des Herrchens Tiefschlaf-Drops.

Ach wär der Hund nicht so versessen
und hätt' die Pillen nicht gefressen,
dann könnte heute er noch leben,
so ist's halt eben!

Einsicht

Was wir ganz jung so heiß begehren,
ist später dann kaum relevant,
weil auch die Frau, die wir verehren,
uns nicht mehr bringt um den Verstand.

Wollen wir zum Glücke schreiten,
ist großes Können angesagt,
denn nur bei einem von den beiden,
sind Liebesschwüre noch gefragt.

Der Mann, als Krönung seiner Gilde,
sieht in der Liebe stets ein Fest,
und er führt nur was im Schilde,
sofern ihn die VIAGRA lässt.

Ein kurzes Gebet

Ich bete manchmal richtig fromm
und seh' dabei zum Himmel,
damit ich in denselben komm,
ich hab halt einen Fimmel.

Erziehung

Die Gedanken der Kinder
sind die Sorgen der Eltern.
Aber:
Die Gedanken der Eltern sind auch
die Sorgen der Kinder.

Erkenntnis

In Bayern trägt man Lederhose,
in Spanien im Mund die Rose.
Und ich trage, denn ich bin jung,
für euere Zukunft die Verantwortung.

Die Leibspeisen

An wirklich heißen Sommertagen
ess ich gerne Schwartenmagen.

Zu Weihnacht schmeckt mir Schinken-Roll,
...J a w o l l!!!

Erst sterben, dann erben

Es gab mal eine alte Tante
mit Money auf der hohen Kante.
Sie war sehr sparsam bis zum Ende,
die Erben rieben sich die Hände.

Schluchzend und total versauert
hat um die Tante man getrauert,
um auch zu zeigen - das ist klar,
dass man der Lieblingsneffe war.

Man weinte Tränen – bittersüße,
drückte auf die Wasserdrüse,
denn es macht sich einfach gut,
wenn man die Trauer zeigen tut.

So schluchzte im Familienkreise,
ein jeder halt auf seine Weise,
zeigt sich betrüblich und nicht stark,
(das macht sich gut an ihrem Sarg).

Mit der Schaufel in der Hand,
(man war ja schließlich eng verwandt),
wirft man ins Grab die Heimaterde,
auf dass die Tante selig werde.

Da man ja kommt aus gutem Haus,
blieb eine Rede auch nicht aus,
in der man glänzt mit flotten Sprüchen,
sie hört es nicht – sie ist verblichen.

»Der beste Mensch, der jemals lebte
und immer nach dem Besten strebte,
ist leider nun von uns gegangen«,
erklärt der Redner voller Bangen.

Später dann bei dem Notare
war vergessen schnell die Bahre,
denn man wollte mit den Händen fassen,
welchem sie was hinterlassen.

Der Notar – ein Mann von Ehren,
wird es den Trauernden erklären
und sagt denselben unbeirrt,
»dass mit dem Erben es nichts wird.«

»Im Testament tat sie verfügen,
das Tierheim soll die Knete kriegen
und das Haus mit dem Grundstück,
geht an die Kirche jetzt zurück.«

Die Erben kriegen einen Schauer,
vorbei die Pietät und Trauer,
die Tante jeder plötzlich kennt,
weil niemand kriegt nur einen Cent.

Lautstark und mit Vehemenz,
verkündet man, »die hat Demenz
und war nicht mehr ganz klar im Geist,
was diese Erbschaft uns beweist.«

Drum muss man wieder deutlich sagen,
hast du noch Geld in alten Tagen,
dann gib es mit vollen Händen aus,
du erntest eh nie den Applaus.

Der Patriot

Man lästert gerne über Schwaben,
die sprachlich etwas an sich haben,
was vielen Leuten auf der Welt
nicht immer unbedingt gefällt.

Die gequälte Spraches-Breite,
(schwäbisch bruddle auch die G'scheide),
wird werbewirksam hochgehoben,
man schwätzt kein Hochdeutsch, auch ganz oben.

Bei uns in Baden gibt es nur
sprachlich eine Hochkultur,
denn im Land der Schwarzwaldtannen
leben wir, die Alemannen.

Wir sind ja sprachlich eigenständig
und linguistisch äußerst wendig,
doch diese Sprachen zu vereinen,
geht nicht so, wie viele meinen.

Es sind doch Welten die uns trennen,
und alle, die die Schwaben kennen,
sagen doch auch insgeheim:
»so geizig kann kein Schotte sein.«

Drum sagen wir zu allen Leuten,
»tut das bitte unterscheiden,
die Ländertrennung ist gewollt,
Schwaben ist Silber, doch Baden ist Gold.«

Eitel

Agathe will die Schönste sein,
drum schaut sie in den Spiegel rein,
doch was sie sieht, die alte Funzel,
hier und da und dort 'ne Runzel.

Sie möchte nun Creme fürs Gesicht,
denn ohne sowas geht es nicht,
und als sie fertig eingefettet,
sind ihre Runzeln eingebettet.

Nun ist sie wieder, wie gewöhnt,
mit ihrer Schönheit echt versöhnt,
doch ist sie ehrlich, denkt und meint,
»wie beschissen ist mein Teint?«

Froschkönig

Mit dummem G'sicht und falscher Krone
sitzt Froschkönig am Brunnenrand,
was er so quakt in falschem Tone,
hat weder Sinn noch Sachverstand.
Fazit:
Nicht jeder mit 'nem Krönelein,
muss deshalb auch klüger sein.

Für den Pessimisten

Wer 90 Jahre jammert,
wird auch alt.

Gewichtsprobleme

Je mehr Pfunde ich auf die Waage bringe,
desto geringer wird der Ehrgeiz,
diese zu verlieren.

Gewichtig

Wenn ich auf der Waage stehe
und mutig dann nach unten sehe
und keine Skala sieht mein Blick,
dann bin entschieden ich zu dick.

Gleichberechtigung

Wenn ein Mann nach Liebe schmachtet
und bei der Freundin übernachtet,
betrügt er nicht sein liebes Weib,
nein, es ist nur Zeitvertreib.

Wenn eine Frau aus gleichen Gründen
sich tut im Bett des Freundes finden,
dann kommt vom Mann der flotte Spruch,
sie begehe Ehebruch.

Unter einem Apfelbaum

Negatives Erlebnis

Unter einem Apfelbaum,
erfüllt sich n i c h t der Jungfer Traum.
Ein Apfel fiel ihr ins Gesicht,
drum kriegt sie den Orgasmus nicht.

Positives Erlebnis

Unter einem Apfelbaum,
erfüllte sich der Jungfer Traum,
denn ein Jüngling kreist die Lenden
und der Baum tut Schatten spenden.

Herbst

Oh Herbst - erfüllt bist du vom Blätterreigen,
willst dich in schönsten Farben zeigen,
schmückst dich mit Laub von alten Bäumen,
verhilfst so Jedermann zum Träumen.

Oh Herbst - du Zeit der Nebelschwaden,
du stimmungsvolle Zeit in Gnaden,
wo sich besinnt auf seine Tugend
nicht nur das Alter, auch die Jugend.

Oh Herbst du Zeit der Grabgesänge, der Besinnung und der Strenge,
zeigst Muse für Vergänglichkeit,
oh Herbst, du wunderbare Zeit.

Narrenzeit

Narrenzeit - es ist soweit,
frisch poliert der Maske Glanz.
Ein lustig Häs, ein buntes Kleid,
verhelfen dir zum Mummenschanz.

Bedenk oh Narr, es bleiben Stunden
sich der Tollheit hinzugeben.
Der Alltag, der schlägt viele Wunden
und bestimmt dein ganzes Leben.

Nikolaustag

Der Nikolaustag, ein schöner Tag,
ob ihn jedes Kind auch mag?
Bestimmt erfreuen sich die Guten
an Geschenken, nicht an Ruten.
Und die Bösen?
sind sowieso nicht brav gewesen.
Also was soll's,
wenn schmerzt beim Schlag der Rute Holz!

'S isch kalt

's isch Winter halt,
's isch eifach nimi schee,
nu no Dreck un Eis un Schnee

S' isch eifach nint me mit mir los,
wa isch des blos?

'S Alter kann's jo no nit sie,
wenn's au sticht un duet im Knie,
wenn's au druckt un grusig macht,
im März doch widder d' Sunne lacht.

Am Bescht, ich wart bis Frühling isch,
dann bin ich ganz schnell fit un frisch!

Sommerschlussverkauf

Vorm Kaufhaus steht 'ne Menschenschlange,
erbittet Einlass schon sehr lange,
so wartet Mann und wartet Frau,
auf den Start vom SSV.

Die Ersten haben Pole Position,
damit sie möglichst viel erwischen,
denn die Schnäppchen sind passabel
und falls noch da, auch echt rentabel.

Fünf Nationen, oh wie fein,
geben sich ein Stelldichein,
doch niemand darf in diesen Tagen
eine schwarze Burka tragen,
denn unter diesem Stoffgewand
hätte Platz so allerhand.

Die Tür geht auf...
Sommer-Schluss-Verkauf!

Die Menge rast im Dauerlauf,
manche hat ein Kopftuch auf,
welches flattert sehr im Wind,
solang noch Schnäppchen übrig sind.

Die Hände grabschen in die Boxen,
sie benehmen sich wie Ochsen
und erwischen manches Teil,
das hier wird geboten feil.

Unterhosen, die getragen,
»die sind noch toll«, hört man oft sagen,
während manches edle Hemd,
dem Käufer auf den Rippen klemmt.

BHs die gibt's im Überfluss
mit und ohne Clipverschluss,
denn manche will den Mann verwöhnen
und ihm die Nacht diskret verschönen.

Dann, ganz in der hint'ren Ecke,
wartet schon die Daunendecke,
welche durch den guten Preis,
jeder sich zu nehmen weiß.

Viele suchen etwas länger,
(das sind bestimmt Hartz IV Empfänger),
während andere mit viel Glück
an sich reißen jedes Stück.

Im ersten Stock, da sind die Herren,
die an den Kleidungsstücken zerren,
weil schon ein Fremder, wie gemein,
schlüpft in das Gewünschte rein.

Hat man sich endlich eingedeckt,
(was vom Händler ja bezweckt),
kommt Freude auf und Lust aufs Essen,
da wird der Schnäppchenkauf vergessen.

Im Teppichlager, fast ganz oben,
wird auch hin und her geschoben,
damit die von kleinen Kinderhänden
gemachten Brücken endlich ihre Käufer fänden.

Abteilung Technik, welch ein Jammer,
mausert sich zur Rumpelkammer,
weil die Russen und Mongolen
sich die größten Schnäppchen holen.

Am Abend dann geht in die Knie
das Girl von der Parfumerie,
denn tausendmal musst sie bestäuben
mit Düften, die den Mensch betäuben.

Schließt dann der Laden und die Tür,
kommt der Geschäftsführer herfür
und grinst so breit wie er nur kann,
»fast alles weg, oh Mann oh Mann.«

Winterschlussverkauf

Was im Sommer übrig ist geblieben,
wird erneut jetzt ausgeschrieben
und all die Kunden – Groß und Klein – fallen wieder darauf rein.

So spricht sich's rum in jeder Stadt,
das Zauberwort, das heißt Rabatt,
und die Artikel, die man kennt,
geh'n nochmals runter zehn Prozent.

So liegt ein mancher Sommertraum,
als Schnäppchen unter'm Weihnachtsbaum.

Handy

Ein Handy – heut kein Luxus mehr,
tut Alt und Jung erfreuen,
man gibt die letzten Kröten her
und wird es nicht bereuen.

Ob Tag, ob Nacht zu jeder Stunde,
ist man zum Plaudern stets bereit,
doch es bereitet schlimme Kunde,
wenn die Abrechnung soweit.

Doch besser wird's wenn die Pauschale
der derben Rechnung Schärfe nimmt,
dann weiß man gleich mit einem Male,
dass mit der Flatrate alles stimmt.

Ob Hausfrau oder Kind und Kegel,
die Nutzung ist stets der Beweis,
ein Handy ist ja heut die Regel,
man braucht das Ding um jeden Preis.

Kommt einst die Stunde wo zum Zwecke
der Herr den Sterbenden laut ruft,
da kommt das Handy auf die Leichendecke
und wandert gleich mit in die Gruft.
Man hat dabei was lieb und teuer
und noch vertraglich relevant,
vielleicht gibt es im Fegefeuer
einen Freak mit Sachverstand.

Referenz an Rommel

Gern rühr ich die Werbetrommel
für den Dichter Manfred Rommel,
welcher oftmals ungeniert,
uns den Spiegel vor die Augen führt.

In seinen Büchern ohne Frage
beschert er uns manch frohe Tage,
da wird man neidisch, was nicht fein,
nicht jeder kann ein Goethe sein.

Rommel sorgt zu jeder Zeit
für Wahrheit und Besinnlichkeit
und da er ja ein Schwabe ist,
kennt er auch keine Hinterlist.

Politiker

Da lassen sich die Trottel wählen,
gehen in Parteien rein,
doch was soll ich euch erzählen,
die wollen doch nur wichtig sein.

Sie grinsen hämisch von Plakaten,
versprechen Gott und auch die Welt,
doch wer hat zuletzt den Schaden
wenn Lug und Trug.
zusammenfällt?

Man ist stets da, und zwar für jeden,
natürlich nur für sehr viel Geld,
dies nennt man neuerdings Diäten,
ob das unters Fasten fällt?

Die Großen, die ganz oben sitzen,
sind entfernt von dem Realen,
die lassen nur die Kleinen schwitzen
und lassen sich noch gut bezahlen.

Doch ohne Ordnung und Geschick
ist leider nichts zu machen,
man nennt das hohe Politik,
das ist halt nicht zum Lachen.

Zahnweh

Das Zahnweh plagte den Herrn Maier
und es war ihm nicht geheuer,
denn der Schmerz, der ließ vermuten,
es wird nun teuer für den Guten.

Er hatte recht, die Diagnose
ging für den Armen in die Hose.
Des Doktors Planung war nicht ohne,
doch dafür gibt's 'ne goldene Krone.

Trotz dieser Nachricht blieb er cool,
setzt sich auf den Zahnarztstuhl,
um alle Schmerzen zu erdulden,
(er macht auf jeden Fall viel Schulden).

Der Zahnarzt bohrt und reißt und plant
und was Herr Maier schon geahnt,
trat ein, denn der Doktor spricht,
»bei ihrer Fresse geht das nicht.«

»Der Oberkiefer, lieber Maier,
ist mir einfach nicht geheuer,
denn ich muss noch weit're reißen,
damit Sie können wieder beißen.«

Herr Maier rutscht auf seinem Stuhl,
denn es schmerzt das ganze *Muul,
weil alle Nerven liegen blank,
»dafür zahl ich noch zum Dank«.

*Muul = hochdeutsch: Mund

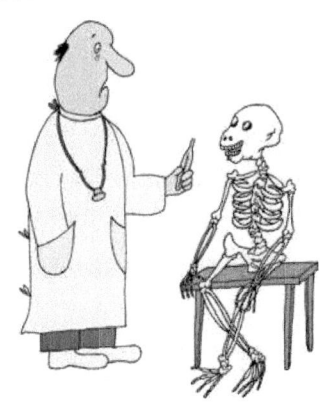

Zaster

Am Freitag geht die alte Tante
zum Supermarkt, als dort Bekannte,
und kauft sich neben Bot und Wurst
auch immer etwas für den Durst.

Obst, Gemüse und Tomaten
(auch ein Apfel kann nicht schaden)
und aus der Truhe, rechts im Eck,
holt sie die Konserven weg.

Beim Tiefkühlcenter, dort wo's frisch,
braucht sie noch Joghurt und auch Fisch,
ebenso muss ein WC-Stein
in ihren Einkaufswagen rein.

Nun muss sie kräftig sich besinnen,
»mit welchem Duft kann ich gewinnen?,
ach heute nehm ich Frühlingsg'schmack,
für meinen Alten, diesen Sack.«

Der Wagen ist nun voller Masse,
nun geht es schleunigst hin zur Kasse,
wo im Moment zwar gar nichts geht,
weil dort eine Schlange steht.

Sie steht geduldig - wartet hier,
»ach Gott, ich brauch noch Klopapier«,
deshalb wendet sie den Wagen
und kauft dann Blätter mit vier Lagen.

Zwischenzeitlich, welche Pracht,
hat noch eine Kasse aufgemacht,
um die Schlange zu verkürzen,
sie tut sich auf das Fließband stürzen.

Die Ware legt sie nun aufs Band,
leicht erzittert ihre Hand,
weil die Flaschen sind sehr schwer,
»so einen Dreck kauf ich nicht mehr«.

»Soll doch mein Gatte, Gott befohlen,
sein Bier in Zukunft selber holen!«

Während sie noch stark sinniert,
sie beinah die Geduld verliert,
weil einer aus dem Orient,
die Euro-Münzen noch nicht kennt.

Die blondgelockte Kassenmaid
hilft gerne, denn sie hat ja Zeit
und endlich, als dann weg der Mann,
kommt uns're Tante auch mal dran.

Schon ganz nervös doch voller Freud,
»jetzt krieg ich's Kleingeld unter d'Leut«,
die rechte Hand tut ihr schon weh,
sie kruschtelt rum im Portemonnaie.

Als dann die Summe ihr verkündet,
sie alles nur kein Kleingeld findet,
doch endlich hat sie in den Fingern,
viele von den Kupferdingern!

»Vierzig, neunzig und acht Cent«,
sagt die Blonde, die sie kennt.

Die Tante wühlt und wühlt und wühlt,
jetzt ist die Blonde unterkühlt,
ihr Blutdruck steigt, es dampft der Kessel,
sie rutscht herum auf ihrem Sessel.

Doch die Tante die tut suchen,
hinter ihr die Kunden fluchen,
das kann die alte Frau nicht stören,
obwohl sie kann die Flüche hören.

Es ist geschafft, oh welch ein Jubel,
jetzt ist vorbei der ganze Trubel,
doch die Blonde hat gezählt
und sagt ihr laut, dass einer fehlt.

Die Tante meint, das ist nicht fein,
und packt den Zaster wieder ein
und nimmt, wie soll's auch anders sein,
einen Fünfzig-Euro Schein.

Ansichtssachen

Bei einem flotten Damenkränzchen,
da saßen einst der Damen vier,
der Kaffee schaut aus seiner Tasse
und meint: »ich bin der Dünnste hier«.

Ich bin ein kleiner Suppenwürfel,
nur 10 x 15 im Quadrat,
aufgebrüht schwimmt nur ein Auge
und das ist wirklich jammerschad.

Juckt es im Ohr ohne Erbarmen,
dreht man das Wattestäbchen dreist
und was kann man daraus lernen?,
man weiß, warum's »Ohrgasmus« heißt.

Mit Vierzehn

Mit Vierzehn hat man ihn nicht lieb,
denn er war ein Ladendieb,
welcher sich diskret umschaut
und dabei meistens etwas klaut.

Ein paar nette Süßigkeiten,
konnte der Knabe immer leiden,
so musst er diese sich beschaffen,
schwierig, wenn die Leute gaffen.

Es kam der Tag wo man entdeckt,
was er in seine Tasche steckt
und vergaß dies zu bezahlen,
von seinem Taschengeld, dem schmalen.

Schleunigst eilte dann herbei
der »Ladenhüter« mit Geschrei,
und verlangt ganz frank und frei,
nach der netten Polizei.

Diese kam mit blauem Lichte,
um zu sehen nach dem Wichte,
welcher ängstlich und verstört,
der Polizisten Mahnung hört.

Die Eltern müsst' man informieren,
das Sorgerecht sie dann verlieren,
denn dieses kriminelle Treiben
kann nicht ohne Folgen bleiben.

Der Knabe hat Einsicht und beschwört,
was er tat, das war verkehrt
und bittet lieb um eine Strafe,
ganz geläutert ist der Brave.

Der Bub ist durch den Fall gescheiter,
im Laden geht das Stehlen weiter,
denn auch die Alten tun sich recken
und manches in die Tasche stecken.

Steinschläge

Gedichte, die die Welt nicht braucht

2. Buch

Ausgezwitschert

Es zwitscherte ein Vögelein
hinter Käfigstangen,
die Katze möchte gern hinein
und den Vogel fangen.

Der Vogel lacht in seinem Haus,
»was will der blöde Kater,
der kriegt mich niemals hier heraus«
und weiter zwitschern tat er.

Und da er unbedarft und jung,
da zwitschert er so weiter,
der Kater wagt 'nen kühnen Sprung
und traf den Käfig – leider.

Durch dieses wilde Unterfangen
nahm das Schicksal seinen Lauf,
dem Vöglein auf den Käfigstangen
wird es recht bang – die Tür ging auf.

Übrig blieb nur eine Feder,
die der Kater hat verschmäht
und so erfährt es jetzt ein jeder,
wie es den Provokanten geht.

Tirila und tirilie
miau, miau,
du blödes Vieh.

Darum ist es am Rhein so schön

Er wohnt jetzt schon im siebten Jahr
mit Frau und Kind in St. Goar,
doch gegenüber ging er fremd,
in Goarshausen ungehemmt.

Die Freundin schenkt ihm dort was Kleines,
nach heißer Nacht, es war rechts des Rheines,
so schuftet links er für die Rente
und rechts, da zahlt er Alimente.

Die Erkenntnis

Er verbrühte sich am Nudelwasser,
seitdem ist er ein Nudelhasser,
das heißt, er mag die Nudeln nicht,
die früher war'n sein Leibgericht.

Die kleine Biene

Es brennt und schmerzt gar fürchterlich,
der kleinen Biene Bienenstich,
als mich diese stach ins Bein,
das kann nur Biene Maja sein.

Und stechen sich zwei Wespen,
sind es höchstwahrscheinlich Lesben!

Die Leiden der Musiker

Das Leben bietet Hochgenuss
einem wahren Musikus,
doch allein macht's keine Freud',
denn zum Blasen braucht man Leut'.

Dort, wo sich die Gleichgesinnten
zum Instrumentenspiele finden,
dort ist man Mensch und darf es sein:
Hoch lebe der Musikverein!

So kann man sie in allen Ehren
bei allen Festen blasen hören
und feiert Hochzeit irgendwer,
hört man's Geschrei: »die Musik muss her!«

Ja, die Musik bringt gute Laune
mit Klarinett' und Zugposaune.
Viel Stimmung gibt's bei Männern, Frauen,
wenn sie mal auf die Pauke hauen!

Dies setzt voraus - und kommt zum Schluss,
dass man deshalb viel üben muss.
Üben halt mit ganzer Kraft,
zum Leiden jeder Nachbarschaft.

Und dieses Proben viele Stunden
wird störend auch sehr oft empfunden,
mancher wäre deshalb froh,
übt man mehr pianissimo!

Und die Toccata - welches Leid,
hilft zu mehr Fingerfertigkeit.
Bläst man dann alles im Quartett,
dann meinen d' Leut: »die spielen nett!«

Zu Advents- und Weihnachtschören
will man meist schöne Weisen hören.
Hat Hochzeitstag ein hohes Tier:
- - dann spielen wir!!

Wird gestorben - welches Leid,
ist man zum Trauermarsch bereit
und spendet gern der Witwe Trost
und hinterher - da heißt es Prost!

Butenschön oder the last Tango

Zu seiner Frau sprach Butenschön,
»lass uns doch mal zum Tanzen geh'n,
ich möcht mit dir das Tanzbein schwingen
und hoffe, der Abend wird gelingen«.

Die Gattin stutzt und ist begeistert,
weil Butenschön das alles meistert,
denn irgendwie ist sie entzückt,
bestimmt ist ihr Gemahl verrückt.

Am Tische hat man Platz genommen
und der Kellner ist gekommen
und brachte, da man dies bestellt,
Schampus für das letzte Geld.

Die Musik spielt, der Gatte ordert,
der Ober, der ist überfordert,
denn Butenschön möcht' überraschen
die liebe Gattin mit drei Flaschen.

Das Tanzen soll so leichter geh'n,
dachte unser Butenschön,
er prostet – und sie prostet mit,
leichter wird der Walzerschritt.

Beim Tango und beim Paso Doble,
benimmt sich Butenschön recht nobel
und als ein Walzer dann erklingt,
Butenschön zu Boden sinkt.

Er fühlt sich schlecht und ohne Leben,
(das kann es halt beim Schampus geben)
und deshalb meint Herr Butenschön,
sein Leben würd' zu Ende geh'n.

Die Gattin will dem Gatten helfen,
der sieht vor sich nur lauter Elfen,
welche schweben durch die Halle,
»mein Gott, mein Gott, der Mann ist alle«.

Doch auch die Frau tut überraschen,
denn die Perlen aus drei Flaschen
mussten sie doch unterkühlen,
die Band tut einen Tango spielen.

»Mein Lieblingstanz«, denkt Butenschön,
doch der kann nur noch Sterne seh'n
und die ihm anvertraute Frau
ist ebenfalls Haubitzen-Blau.

Er rafft sich auf noch sehr galant
und nimmt die Liebste bei der Hand,
doch es entfällt das Tanzvergnügen,
weil beide auf dem Boden liegen.

Man muss verzichten auf den Tango,
besoffen sein, das ist ein Manko,
denn der Tanz aus Argentinien,
erfordert geistig klare Linien.

Die Rabenkasse

Weil Agathe Rheuma hat,
möcht' sie in ein Rheumabad.
Die Kasse hat es nicht verschrieben,
so ist sie halt daheim geblieben.

Nun nimmt sie lieber eine Gicht,
doch das zahlt auch die Kasse nicht,
drum wird sehr finster ihr Gesicht
und hiermit endet die Geschicht'.

Tante Ruth

Tante Ruth zog unverhofft
in unser Haus und zwar ins Loft,
das der Papa umgebaut,
die Mama nur betroffen schaut.

Die Tante, die der Papa kannte,
war alles, nur nicht meine Tante,
zumindest nicht sehr blutsverwandt,
sonst hätte ich sie auch gekannt.

Dazu kommt, dass diese Ruth
nicht einmal etwas schaffen tut,
denn während Mama macht die Brägl* *(*Bratkartoffeln)*
maniküret sie ihre Fingernägel.

Der Papa benimmt sich wie ein Clown, muss stündlich nach der Tante schau'n,
die er sehnlichst schon vermisst
(er hat die Tante auch geküsst).

Die Mama meint, das wär nicht fein,
die Tante könnt' seine Tochter sein,
das wäre prima, wie ich denke,
deshalb kriegt Ruth auch die Geschenke.

Der Papa, der ist halt mein Bester,
der baut ein Loft, ich krieg 'ne Schwester,
demnach ist was los im Haus,
doch Mama sieht nicht glücklich aus.

An einem Morgen, gegen Zehn,
sah ich Mama mit dem Koffer steh'n,
denn sie zieht mit Saus und Braus
in Omas altes Gartenhaus.

Der Papa, der das hat vernommen,
ist gerade aus dem Loft gekommen,
als er mit großem Schrecken sah,
die Mama ist nicht mehr da!

Der Papa bekam gleich einen Schreck,
die Ruth ist da, die Mama weg,
darauf hat Vater nicht gehofft
und er verflucht sein neues Loft.

Die Witwe

Die Witwe blickt zum Fenster raus,
sie ist jetzt ganz allein im Haus.
Ihr Mann, dem sie einst ist begegnet,
hat nun das Zeitliche gesegnet.

Sie kann es immer noch nicht fassen,
doch er hat etwas hinterlassen.
Ein hübsches Konto schwarzer Zahlen
erleichtert ihr die Seelenqualen.

Nach einem Jahr voll Pietät
die Witwe auf die Suche geht,
um zu finden einen Mann,
der dieses Geld ausgeben kann.

Die Zauberflöte

Nicht der Mozart, nein der Goethe
schrieb die berühmte Zauberflöte,
umgekehrt geht es wohl nicht,
denn sonst wär' dies ja kein Gedicht.

Der Friseurbesuch

Warum geh ich gern zum Friseur,
hab doch fast keine Haare mehr,
doch dieser Mangel der Natur,
half meinem Triebe auf die Spur.

So lasse ich mich oft beschneiden,
denn ich kann die Friseuse leiden,
welche mich mit ihren Händen
leicht massiert - es spüren meine Lenden.

Schön, wenn sie mit Fingerkraft,
mir auf dem Haupt Erlösung schafft,
dabei stellt sich mir die Frage,
»wer massiert die untere Etage?«

Der Führerschein

Er machte einst den Führerschein
und strotzt mit seinem Wissen,
heut ist er ein armes Schwein,
er wird wohl laufen müssen.

Des Punktekontos großer Stand
verhindert nun das Fahren,
in Flensburg ist er gut bekannt
und das seit vielen Jahren.

Der fürsorgliche Lehrer

Der Lehrer zu dem Fritzchen spricht,
»deine Noten sind beschissen
und du kapierst ja alles nicht,
du hast ja gar kein Wissen.«

»Ich werde deinen Vater bitten,
hierher zu kommen ins Büro
und hoffe, er fährt mit dir Schlitten,
denn weiter geht es doch nicht so.«

Nach diesen Worten, die ermahnend,
erhält das Fritzchen einen Brief,
welcher es sofort erahnend
merkt, dass man den Vater rief.

Der Fritz, der schulisch ein Rabauke,
sagt dem Lehrer »es hat kein Zweck,
der Alte haut zwar auf die Pauke,
doch kümmert es ihn einen Dreck.«

Der Lehrer ist nicht eingeschüchtert
ob des Knaben harschem Ton,
meint, »wenn der Vater ausgenüchtert,
dann kommt mit Sicherheit er schon«.

Den Brief gab ab der brave Knabe
mit einen schönen Lehrergruß,
doch diese Pädagogengabe
schafft mit Sicherheit Verdruss.

Der Vater nimmt den Brief entgegen,
stellt die Flasche Bier ins Eck,
doch er möcht' sich nicht bewegen,
denn Faulheit ist sein Lebenszweck.

Kaum ist der Brief dann aufgefaltet,
schreit er nach seiner Ehefrau,
welche alles hier verwaltet,
denn Väterchen ist etwas blau.

Die Mutter kommt sofort geflogen,
bindet sich die Schürze ab,
liest den Brief, der ungelogen
formuliert war, hart und knapp.

Sie lächelt müde, sieht den Knaben,
welcher ihr tat furchtbar leid,
»wie kann man nur so Noten haben«,
doch das Kind ist nicht gescheit.

Der Vater lallt, »es ist mein Wille,
dass der Knabe etwas lernt«,
(man spürt deutlich die Promille),
er ist von Nüchternheit entfernt.

»Bitte, mach mir keine Sorgen,
jetzt stör mich nicht, der Fernseh'
läuft«,
dann schlief er ein und schnarcht
bis morgen,
es ist schade, wenn der Papa säuft!

Der Igel

Ein Igel, der rennt durch die Stadt,
es kam ein Bus – das Tier war platt.

Wichtiger Hinweis für alle Kinder:

Zuerst die Ampel kräftig drücken,
dann wird auch das Überqueren
glücken.

Der kluge Albert

Einstein war, nicht wie die meisten,
äußerst klug und sehr gescheit,
weil immer die Gedanken kreisten,
um die Struktur von Raum und
Zeit.

Mit seiner Formel $E = mc^2$,
die noch heut in aller Munde,
erntet er viel Lobgeschrei,
ja, er war der Mann der Stunde.

Über ihn hat man geschrieben
und trotz Nobelpreis für Physik,
ist ihm der Humor geblieben,
Zunge raus – ein Meisterstück.

Der Kuckuck

Der Kuckuck ist ein
Schwarzwaldtier,
doch neuerdings klebt er bei mir,
nicht, um mich mit seinen Tönen
zu unterhalten und verwöhnen.

Ein Beamter von der Pfändung
ist schuld an des Tieres Schändung,
weil er mein Heim damit bestückt,
ich glaub der spinnt und ist
verrückt.

Die Prozedur gibt mir den Rest,
ich glaub, ich sitz im
Kuckucksnest,
denn anstatt zu zwitschern in den
Bäumen,
klebt er diskret in meinen Räumen.

Gebt doch dem Tier die Freiheit
wieder,
dann singt er wieder frohe Lieder,
drum entferne ich die Siegel
vom Fernsehapparat und Spiegel.

Der Kulturbanause

Familie Meier, die ging aus
ins neu erbaute Opernhaus.
Er macht's zum ersten Mal im Leben,
denn »Othello« wird gegeben.

Die Gattin meint, der schwarze* Mohr
sticht als Liebhaber hervor,
denn der kann, so steht's geschrieben,
die Frau im vierten Akt noch lieben.
*(hat jemand je einen weißen Mohren
oder schwarzen Schimmel gesehen?)*

Herr Meier ist sehr konsterniert,
das ist ihm noch nie passiert,
weil er den eig'nen Liebessakt,
im halben Jahr nur einmal packt.

Den Opernguide, den er erhalten,
tut er auseinanderfalten
und liest sich ein in die Lektüre,
da – es tönt die Ouvertüre.

Der Dirigent, den man kaum sieht,
ist sichtlich sehr darum bemüht,
dass die Einsätze gut klappen,
man musste sehr viel Geld berappen.

Mit einem lauten Paukenschlag,
den Herr Meier gar nicht mag,
hebt sich der Vorhang samt Kulissen,
doch Herrn Meier geht's beschissen.

Während vorne wird gesungen,
hat Maier mit dem Schlaf gerungen
und landet in Morpheus Armen,
denn dieser kennt ja kein Erbarmen.

Man nähert sich dem zweiten Akt
(Meier schnarcht, das ist verzwackt),
doch als Desdemona wird erbeutet,
es endlich jetzt zur Pause läutet.

Frau Meier, welche ganz ergriffen,
hat voll Bewunderung gepfiffen,
jetzt sieht man erst, was in ihr steckt,
das Foyer wartet, es gibt Sekt.

Doch Meier, der von kleinem Stand,
hält eine Bierflasch' in der Hand,
daraus schlürft er ganz bescheiden,
deshalb ist er zu beneiden.

Die dritte Flasche köpft der Mann,
trinkt daraus so schnell er kann,
denn der Gong, der mahnt die Zeit,
bringt Meier in die Wirklichkeit.

Er ist jetzt mutig und entspannt,
nimmt seine Gattin an der Hand,
und erklärt ihr frank und frei,
dass er schon fast Othello sei.

Bumbum, bumbum der Pauke Töne,
lockt Desdemona, diese Schöne,
in des Schlosses großen Saal,
es schläft Herr Meier – der Gemahl.

Dieser wird, was ja bezweckt,
von der Gattin aufgeweckt,
und ruft »mein Liebster werde wach,
Othello ist im Schlafgemach«.

Herr Meier ist jetzt ganz bei Sinnen,
(die Sekunden schnell verrinnen)
weil Othello knüpft der Liebe Band,
Meier ist nicht bei Verstand.

Die Spannung steigt, was wird geschehen,
Herr Meier will die Folgen sehen,
denn Othello, es ist verbürgt,
hat erst geküsst, dann sie erwürgt.

Danach, als Folgen seiner Taten,
nimmt er an sich selber Schaden,
denn mit eines Dolches Klinge,
sein Leben er zu Ende bringe.

Herr Meier, der ist hochzufrieden,
die Heldin tot – ist hingeschieden
und auch Othello ist gestorben,
Frau Meiers Abend ist verdorben.

Nach dem spärlichen Applaus
geht Meier mit der Frau nach Haus
und sagt »der Abend war zwar schön,
doch lass mich Bundesliga seh'n«.

Spieglein, Spieglein ...

Spieglein, Spieglein an der Wand,
ich seh heut aus – es ist 'ne Schand,
unrasiert mit gelben Zähnen,
so lande ich bei keiner Schönen.

Doch aufgepasst, ich sag es heut,
ich habe Mut zur Hässlichkeit,
weil ich diese mir kann leisten,
denn ich bin reicher als die meisten.

Der Lippenstift

Es schminkt sich gern das »blonde Gift«
mit einem roten Lippenstift,
um so die Lippen zu betonen,
der Männer Blicke sie belohnen.

Der Wirkung ist sie sich bewusst
und meint, sie sei ein Vamp der Lust
und schmiert die Lippen kräftig ein,
sie möchte gern wie »Bardot« sein.

So schreitet sie ganz aufgetakelt
durch die Stadt, der Busen wackelt
und ihre Lippen, bitte sehr,
sind nicht nur rot, nein ordinär!

Der Luftballon

Herr Knilcher kaufte seinem Sohn
einen bunten Luftballon
auf einem kleinen Heckenfest,
damit der Sohn ihn saufen lässt.

Der Knabe, der ist voller Freude,
»wie lieb ist doch der Papa heute«
und er sich brav bei ihm bedankt,
doch der Papa lallt und schwankt.

Der Luftballon, das ist ein neuer,
dem Papa wird es nicht geheuer
und es meint der kleine Sohn:
»wer schwankt mehr,
der Papa oder der Luftballon?«

Der Motorradfahrer

Motorrad fahren kann nicht jeder,
denn das hat ja nur zwei Räder,
doch das juckt den Fahrer nicht,
wenn er nur hält das Gleichgewicht.

Man darf mit dem Gerät nicht spaßen,
verleitet es doch sehr zum Rasen
und mancher erntet nie Applaus,
fliegt er aus der Kurve raus.

Da liegt er nun im Gras und schmachtet,
weil er die Fliehkraft nicht beachtet
und deshalb liegt er kurz vorm Sterben,
soll der für ein Motorrad werben?

Der Minnesänger

Der Jüngling unterm Fensterkreuz,
macht mit der Laute Minne,
er gesteht der Liebsten ihren Reiz,
doch die meint »ich spinne«.

»Wie kann man nur so in der Nacht
ganz laut und schrecklich singen«,
sie hat das Fenster zugemacht,
dann hört sie's nicht mehr klingen.

Der kühne Sänger unbeirrt
spielt weiter zarte Weisen,
die Maid, die ist nun doch verwirrt,
ihr Herz ist nicht aus Eisen.

Vom Fenster öffnet sie 'ne Spalte,
hört liebevoll dem Sänger zu,
doch plötzlich kam des Sängers Alte
und blitzschnell hat sie ihre Ruh.

Der Sänger hörte auf zu singen,
als er der Gattin Stimme hört,
die Laute tat auch nicht mehr klingen,
denn er ist irgendwie verstört.

Fazit:
Du kannst nicht eine Jungfrau freien,
wenn dein Eheweib tut schreien!

Der Papstbesuch

Der Papst, der kommt in unser Land,
das ist ja überall bekannt,
er soll die Christen wieder einen,
viel zu teuer, wie wir meinen.

Warum benutzt man nicht das Geld,
lindert Not in dieser Welt
und wirft es nicht zum Fenster raus,
für scheinheiligen Pflicht-Applaus.

Mit großem Pomp für Mann und Frau
macht man eine Riesenschau,
doch das Ergebnis ist wie üblich,
wieder mager und betrüblich.

Millionen werden rausgeschmissen,
um mit christlichem Gewissen
zu den akuten Glaubensfragen,
wieder einmal nichts zu sagen.

So ist's halt wieder nicht geglückt,
es lebe unser Benedikt!!

Der Pferdenarr

Das Pferd, das ist ein schönes Tier,
man kann auch auf ihm reiten,
doch so ein Vieh gehört nicht mir,
ich lauf – ich bin bescheiden.

Seh ich die Hengste und die Fohlen,
geht mir vor Freud' das Herz gleich auf,
wir sind zum Glück noch nicht in Polen,
weil sonst ein Dieb macht den Verkauf.

So muss ich kräftig darauf sparen,
dass ich ein Gäulchen mir erwerb,
das ist vielleicht in fünfzehn Jahren,
oder gar nicht, wenn ich sterb'.

Doch solang möcht' ich nicht warten,
denn der harte Sattel ruft
und würde gleich vom Fleck weg starten,
ich lieb' der schnellen Pferde Duft.

Ja, ich miete eine Stute,
sie kann auch alt und klapprig sein,
doch billig sein muss schon die Gute,
die mich trägt über Stock und Stein.

Auf dem Rücken dieser Pferde
soll das Glück der Erde sein,
doch wenn ich liege auf der Erde,
schmerzt mich das kaputte Bein.

Bin dann am Ziel ich angekommen
und der Gaul ist noch nicht tot,
dann wird in Pflege er genommen
und fristet so sein Gnadenbrot.

Und wenn er stirbt, dann ist's geschehen,
er kommt zur Pferdemetzgerei
und es gibt dann einen zähen
Braten mit Kartoffelbrei.

Der Regenwurm

Der Regenwurm muss sich beeilen,
man will ihn mit dem Spaten teilen,
dann könnte er von dannen ziehen
und je in eine Richtung fliehen.

Der Pudding

Der Pudding, richtig warm und weich,
ist wie ein kleines Himmelreich,
es gibt in fast in hundert Sorten
und wird genascht an vielen Orten.

Er begleitet uns durchs Leben,
kann es etwas Schöneres geben,
man isst ihn kalt und auch flambiert,
wobei dann oftmals was passiert.

Bevor der Brei geht in den Magen,
tut derselbe Flammen schlagen,
und der Pudding kriegt den Rest,
denn dieser ist nicht feuerfest.

Später dann ist dieser Leim
die Attraktion im Altenheim,
weil die Senioren gern ihn schlürfen
und so der Zähne nicht bedürfen.

Hat man verlegt die Kassenbrille,
sieht man nicht, ob es Vanille,
Hauptsach' ist, das Ding ist weich,
denn der Geschmack ist immer gleich.

Der Traum

Mir träumt ich wär im Himmelreich,
mit einer Seele zart und weich,
doch die Gedanken in dem Traum
zeugen von der Keuschheit kaum.

Vor mir, auf einem Wolkenbette,
lagen Engelchen, zwei nette,
welche kräftig mir gewunken,
da ist mir die Moral gesunken.

Der Traum, der tat mich überraschen,
ich wollt' die Engelein vernaschen,
doch wie die Seele zart und weich,
wird auch mein bestes Stück sogleich.

Ach, was nützt der schönste Traum,
wenn lieblos baumelt dieser Baum,
welchen wollte ich verwenden,
im Himmel darf man niemand schänden.

Was nützt das Leben so auf Erden,
denn wenn wir später Engel werden
und mit dem Sex wird es sehr schwer,
dann steig ich ab zu Luzifer!

Der Turm

Zwei Männer an der Wohnung klingeln,
die derzeit durch die Lande tingeln,
sie möchten dich kurz mal belehren,
zum rechten Glauben auch bekehren.

Du bist erstaunt und doch entzückt,
weil man dir ein Heftchen drückt
und zwar in deine rechte Hand
und dieses Heft, das ist bekannt.

Du siehst den Titel und tust denken,
die wollen mir ein »Türmchen« schenken,
doch ich war klug und auch bedacht,
hab' meine Tür schnell zugemacht.

Das Heft hab' ich zurückgegeben,
Propheten gibt's genug im Leben,
so sind die beiden wie ein Wurm,
abgezogen mit dem »Turm«.

In der Himbeere

Ein Würmchen kroch zur Himbeerhecke
nur zu diesem einen Zwecke,
sich in der Beere einzunisten
und dort ein langes Leben fristen.

Doch seien wir zu uns ganz ehrlich,
hier lebt das Würmchen auch gefährlich,
denn tut sich jemand nach der Beere sehnen,
wird es zermalmt von Menschenzähnen.

Der Vergleich

Man hatte mich schon oft verglichen
mit Heinz Erhardt und dem Roth,
doch beide sind schon längst verblichen,
auf gut Deutsch: die zwei sind tot!

Der Wanderer

Als Jesus übers Wasser lief,
ging physikalisch etwas schief,
sonst wäre er, ich sag's betroffen,
gesunken und schnell abgesoffen.

Der Weltreisende

Verkündet doch sehr selbstbewusst
der 80-jährige Weltenbummler:

»Ich reise von Kontinent zu inkontinent.«

Der »Pommes-Mann«

Für wenig Euro steht der Gute
tagtäglich in der Pommes-Bude,
um zu ernähren seine Kunden,
denen seine Pommes munden.

Er trieft vor Fett und in den Haaren,
welche früher sauber waren,
setzt sich fest ein schlimmer Duft,
obwohl er an der frischen Luft.

Auch Würste bietet dieser Mann
seinen geliebten Kunden an,
und jedem der ins Würstchen beißt,
es einen Höchstgenuss verheißt.

»Currywürste, zehn Portionen
und extrascharf – es muss sich lohnen,
und furchtbar schnell, das wäre nett«,
bestellt ein Banker per iPad.

Dazu noch zehn Orangensäfte
und Brötchen für die Bankfachkräfte,
damit sie können ohne Pausen den
DAX verfolgen, die Banausen.

Sind die Bänker dann zufrieden,
muss »Pommes-Mann« erneut was bieten,
denn die Lehrer aller Klassen
möchten jetzt das Essen fassen.

Die Pauker sind total am Ende
und schleichen nur noch durchs Gelände,
denn die Schüler stressen schon,
vor allem die mit Migration.

So jammern sie, die Pädagogen
(bestimmt ist manches auch gelogen)
und es zittert ihre Hand,
holt Würste man am Pommes-Stand.

So gegen Abend – 's ist schon Nacht,
ist dann das Tagewerk vollbracht
und sogar die schlimmsten Typen
rauchen ihre letzten Kippen.

Der letzte Akt zu später Stunde,
ist Kassensturz mit schlechter Kunde,
denn die Kröten, immer gleich,
die reichen kaum, er wird nicht reich.

Am nächsten Morgen, frisch gewaschen,
holt »Pommes-Mann« neue Ketchup-Flaschen
und holt den Senf für den Bedarf,
je nach Wunsch, mal mild, mal scharf.

Die Würste brutzeln auf dem Rost,
die ersten Säufer sagen Prost
und liegen glücklich unterm Tisch,
beim »Pommes-Mann« gibt's alles frisch.

Es lebe der Verein

Bis dato war er noch ein Held,
Hansdampf in allen Gassen,
verdiente noch sein gutes Geld,
jetzt starb er – nicht zu fassen.

Er war der Star in sechs Vereinen,
war Spitzensportler und Kassier
und alle, die ihn kannten, meinen,
er sei ein echtes Arbeitstier.

In den Gesetzen und Bilanzen
war er versiert und up to date
und im Großen wie im Ganzen
zeigt er's allen wie es geht.

Der Puls geht hoch, das Herz tut klopfen,
wenn er was leistet im Verein,
er brauchte schon Sechs-Ämter-Tropfen,
um ständig gut im »Amt« zu sein.

Er hat geschuftet und tat siegen
und das alles akkurat,
jetzt tut er in der Kiste liegen,
ja, er war ein Mann der Tat.

Sein Nachruf wird, wie zu erwarten,
gewaltig und ergriffen sein,
doch ein and'rer wird schon starten,
er will das Amt in dem Verein.

Was lehrt uns diese Lebensweise,
denk daran, die Zeit die schreitet,
denn gehst du auf die lange Reise,
ist keiner da, der dich begleitet.

Excalibur

Excalibur, das Schwert der Weisen,
konnt' man aus dem Stein nicht reißen,
deshalb blieb es lange drinnen,
jetzt kann das Gedicht beginnen.

König Artus aus der Sage
ergriff das Schwert ganz ohne Frage
und zog es aus dem Stein heraus,
das Gedicht, das ist nun aus.

Flugangst

Wenn ich in den Flieger steige,
schaut mich an die Stewardess,
weil ich ihr meine Zähne zeige,
um abzubauen meinen Stress.

Die Hände sind vor Angst gefaltet,
kalter Schweiß bricht plötzlich aus
und meine Hitze ist erkaltet,
denn ich spüre Angst und Graus.

Und dann, dann kam das Allerbeste,
ich war mit Aug und Ohr dabei,
man erklärte uns die Weste,
die beim Absturz hilfreich sei.

Hebt ab der Flieger in die Höhen,
beiß ich angstvoll in den Sitz
und denk, es wird schon weitergehen,
das ist wahr und ist kein Witz.

Als wir die Höhe dann erreichen
und das Flugzeug kommt zur Ruh,
lass ich mir ein Bierchen reichen
und flirte kräftig immerzu.

Das Beten, das war längst vergessen,
als sie mir das Händchen hielt
und nach eigenem Ermessen,
hab ich zum Fenster raus geschielt.

Ich sah nach unten und konnt's wittern,
die Landung kommt, es ist schon spät,
das brachte mich erneut zum Zittern,
zum Trost versprach sie mir ein Date.

Nachdem ich lang um sie geworben,
fand auch sie mich wirklich toll,
doch das Date, das war verdorben,
denn meine Hose, die war voll.

Eingesehen

Die berühmten Hieroglyphen
verschickt man nur sehr schwer in Briefen,
denn diese kann man ja nicht stempeln,
drum lassen wir sie an den Tempeln.

Eiskalt erwischt

Wenn ich in der Küche stehe,
durch Zufall in den Kühlschrank sehe,
dann ist es dort so kalt und leer,
als ob ich in Sibirien wär.

Ich habe einen Geist gesehen

Ich habe einen Geist gesehen
bei mir um Mitternacht,
die Haare mir zu Berge stehen,
das hätt' ich wirklich nicht gedacht.

Ein Lufthauch strich durch die Mansarde,
es knistert grausam im Gebälk,
da sitz ich nun herum und warte,
bis ich schließlich werde welk.

Da, ein Schatten an der Decke
und ein Stöhnen über mir,
weh, wenn ich die Geister wecke,
vor Angst ich bibbere und frier.

Die Kerze flackert ohne Gründe
und vor Grauen wird mir kalt,
denn wenn jetzt ein Geist dastünde,
kommt meine letzte Stunde bald.

Horch, die Schritte kommen schneller,
der Geist knallt eine Türe zu,
plötzlich wird's im Zimmer heller,
ich schrecke auf und sage »DU?«.

Ich atme auf und bin erleichtert,
denn der Geist war mir bekannt,
ja, meine Alte ist's gewesen,
die mich noch bringt um den Verstand.

Geh' niemals nicht auf Geisterschau,
das möcht' ich dir empfehlen,
schau dir nur an die eig'ne Frau,
dann braucht kein Geist dich quälen.

Kopflos

Unter einer Guillotine
summte eine junge Biene*,
und sie bemerkt erst die Gefahr,
als sie plötzlich kopflos war.

*(*Es handelte sich zwar um eine Wespe,
aber dann hätte es sich nicht mehr gereimt).*

Nordic Walking

Um körperlich nicht zu verkalken,
muss man durch die Wälder walken
und dazu noch mit zwei Stecken,
um das Rotwild zu erschrecken.

Doch auch Füchse, Auerhahn,
schauen sich das Treiben an
und denken »ist der Mensch von Sinnen,
tut der Wahnsinn so beginnen?«.

Interessant sind auch die Mienen,
mit denen sie uns hier bedienen.
Verbiestert, zäh und ohne Lachen,
kann so der Sport noch Freude machen?

Ja, man kann die Walker zählen,
die sich durch die Landschaft quälen
und Walker beiderlei Geschlechts
schauen nie nach links und rechts.

Die Zunge hängt, der Schweiß bricht aus,
sie sehen nur das Ziel voraus,
um dann für sich, so ganz allein,
auf diese Tat sehr stolz zu sein.

Die Frage stell' ich mir zuvor,
ginge das auch mit Humor,
denn nur ein Mensch, der lachen kann,
schaut man sich gern beim Walken an.

Sag's mit Blumen

Je üppiger der Rosenstrauß,
desto schlechter das Gewissen
des Schenkenden.

Schwarzer Humor

Man sagt,
der Humor im Buch sei schwarz gewesen.
Wär er weiß,
dann könnt es keiner lesen.

Männliche Schönheit

Ein Body, schön und hart wie Stahl,
braucht jeder, außer dem Gemahl.
Dieser ist ja schon vergeben
und kann deshalb mit Schmerbauch leben.

Spielerfreuden

Er spielt Roulette am grünen Tisch,
kaut seine Nägel runter,
sein weißes Hemd ist nicht mehr frisch
und durch den Schweißfleck bunter.

Er setzt auf »Schwarz« ganz ohne Zahlen,
er muss gewinnen, das ist klar,
doch er erlebt nur große Qualen,
die Kugel rollt nicht auf »Noir«.

Anstatt jetzt lieber aufzuhören,
setzt er erneut aufs schwarze Feld,
versucht die Kugel zu beschwören,
denn es geht ja um sein Geld.

Der Croupier macht einen Dreher
und setzt die Kugel rasch in Gang,
ach hätte er doch besser eher
aufgehört, es wird ihm bang.

Jetzt hat das Glück ihn ganz verlassen,
die letzte Chance ist vorbei,
er kann es einfach noch nicht fassen,
er hat kein Cent-Stück mehr dabei.

Daheim die Frau wollt' er verwöhnen
mit dem Gewinn von dieser Bank,
doch die wird ihn jetzt verhöhnen
und er erntet keinen Dank.

Die Spielbank muss er nun verlassen
und das Leben wird jetzt schwer,
denn das Glück kann man nicht fassen,
rien ne va plus - es geht nichts mehr!

Mondsüchtig

Schau ich des Nachts zum Silbermond,
schaukelt er - ganz ungewohnt
und zeigt mir seine vielen Krater,
denn ich bin blau und hab 'nen Kater.

Müsli gefällig

Frauen mit dem Doppelnamen
nennt man im Volksmund »Müslidamen«,
die haben wirklich einen Spleen,
politisch sind sie meistens grün.

Suizid

Herr Krüger Senior wollte sich
mit einem Seil erhängen,
»hilf mir doch bitte«, bat er mich,
ich folgte seinem Drängen.

Ich kaufte ihm ein langes Seil,
um es ihm zu bringen.
Krüger meinte, »das ist geil,
mein Selbstmord wird gelingen.«

Die Schlinge hat er mit Bedacht
um seinen Hals gebunden,
»wenn nur jetzt nicht der Hocker
kracht«
denkt er, dann läg ich unten.

Ich verlass jetzt diese Welt,
die kann mir nichts mehr geben,
wenn durch den Tritt der Hocker
fällt,
dann häng' ich ja am Leben.

Tante Käthe

Tante Käthe wollte stricken,
doch das Stricken tat nicht glücken,
denn eine Nadel, die war krumm
und das war dumm.

Thorben

Nachbars Sohn, man nennt ihn
Thorben,
der ist vor Scham beinah'
gestorben,
weil dieser Name ist ein Graus,
drum geht er nicht mehr aus dem
Haus.

Später dann, als groß der Thorben,
wurde er total verdorben,
denn ein Mägdlein namens Beverly,
zeigt ihm nicht nur ihre Knie.

Im Alter dann, als vorn die »Acht«,
hat er sich zurechtgemacht,
und um ein junges Weib geworben,
so war er halt, der liebe Thorben.

Unter einem Birnenbaum

Ihr lieben Leut, ihr glaubt es kaum,
es gibt auch einen Birnenbaum,
welcher gern verliert sein Obst,
wenn man auf ihm turnt und hopst.

Eine Jungfer gibt's hier nicht,
drum lest das »Apfelbaumgedicht«
und ihr erfahrt dort was geschehen,
es tut auf Seite 26 stehen.

Wildwest

Old Shatterhand und Winnetou,
raubten früher mir die Ruh,
denn spätabends noch im Bett,
fand ich als Kind die Helden nett.

Ja, die Bücher hatten Pfeffer,
ein einz'ger Schuss und hundert Treffer,
obwohl der Lauf war doch verbogen,
hier hat Karl May wohl doch gelogen.

Am Marterpfahl, so ist zu lesen,
ist immer etwas los gewesen,
denn ein Held von diesen beiden,
hat immer etwas loszuschneiden.

So konnte man mit jedem wetten,
der Shatterhand tut den Winnetou retten
und Winnetou, die rote Haut,
hat Shatterhand vom Pfahl geklaut.

Sie tranken Blut mit letzter Kraft,
(es lebe die Blutsbrüderschaft)
damit sie sich in sich vereinen,
die waren schwul, wie manche meinen.

Auch Kara Ben Nemsi
und Hadschi Halef Omar
war ebenso ein Liebespaar,
auch hier, genau wie drüben im Westen,
gehörten die beiden stets zu den Besten.

Die Karl May Bücher sind deshalb so beliebt,
weil es wahre Freundschaft nur unter Männern gibt!

Zitroneneis

»Ach, was ist es heute heiß,
kauft bei mir Zitroneneis«,
so preist der clev're Spanisch-Mann
sein Eis den Badegästen an.

Doch außer den Zitronendüften
will er noch ein Geheimnis lüften,
denn er hat gar fünfzig Sorten,
die kriegt man nicht an allen Orten.

So bietet er zum Beispiel an
Spermaeis am Ballermann,
welches gerne wird genommen,
denn die Jugend ist verkommen.

Für den gestrengen Muselmann
bietet er heut was Besond'res an,
denn Döner Eis mit einem Schuss
übertrumpft noch »Knoblauch-Nuss«.

Weinprobe

Dieselben sind doch sehr zu loben,
diese Rot- und Weißweinproben,
denn die sind ja schon der Knüller
und stets beliebte Pausenfüller.

Bei Klassentreffen, ohne Groll,
säuft man sich gern die Hucke voll,
um später dann voll Stolz zu lallen,
»das hat mir wunderbar gefallen…«.

Bevor man kann den Wein probieren,
muss etwas Zeit man investieren,
denn der Winzer stolz erklärt,
der Wein, er atmet und er gärt.

Er spricht vom Abgang und von Reife,
(ach was quatscht denn diese Pfeife?),
denn lieber hätte man erkundet,
ob der Probewein gut mundet.

Natürlich wird man auch erfahren
(und das macht man schon seit Jahren),
dass die besuchte Winzerei,
auf der Welt die Beste sei.

Doch bevor der Wein verkostet
und man sich mit Wein zuprostet,
wird man durch das Haus geführt
und über Weinbau informiert.

Nach der Führung, wie im Traum,
führt man uns in den Probenraum,
wo keiner diese »Sitzung« schwänzt,
denn nicht nur Tischwein wird kredenzt.

Im Elsass bei den harten Proben,
steht der »Pinot Noir« ganz oben
und auch von dem Gewürztraminer
wurden blau schon die Schlawiner.

Den Edelzwicker, den wir kennen,
braucht man nicht beim Namen nennen,
denn diese Mischung aus den Reben
säuft jeder gerne für sein Leben.

Ruhig wird es jetzt im Saale,
denn man verkündet das Finale
und offeriert, wie soll's auch sein,
nur noch den allerbesten Wein.

Man darf den Eiswein voll genießen,
denn die Winzer gern eingießen,
doch die Portion ist leider klein
und könnte wirklich größer sein.

Ist dann die Probe leider rum,
erwartet man - ganz klar - Konsum
und jeder auch so viel mitnimmt,
damit der Kassenumsatz stimmt.

Im Hintergrund, das ist zu sehen,
bereits die bunten Kartons stehen,
welche sollten schon in Massen
verkauft, die Winzerei verlassen.

Die Probe hat Tribut gezollt
und mancher schwankt, auch ungewollt,
mit zwei, drei Kistchen in den Händen
und muss die Weinprobe beenden.

Der Bus, der wärmt sich schon mal vor
und zwar mit laufendem Motor,
um der Kälte auch zu trotzen,
(noch kann man vor den Wagen kotzen).

Man schwört sich ein, weil sie sich kennen,
»das sollte öfters man sich gönnen«
und ist dann wieder gern dabei,
doch besser wär' ne Brauerei.

Zum Frühstück

Zum Frühstück gibt es Speck mit Ei,
das ist im Hause Meier neu,
denn die Gattin, ganz profan,
fängt meistens mit einem Müsli an.

Doch heute gibt sie sich spendabel,
(sie zeigt sich auch mit freiem Nabel),
auf dass der Gatte wird verwirrt,
als sie die Eier ihm serviert.

Der Bediente staunt und stutzt,
»hat die sich heute rausgeputzt?«
und er sucht nach einem Zweck,
für die Eier und den Speck.

Er isst das Mahl mit großer Freude,
»warum nicht immer – und nur heute«
denkt er für sich ganz lapidar,
da wurde es plötzlich ihm klar.

Die Eier, die ich wirklich mag,
spendiert sie mir zum Hochzeitstag
und da muss ich wieder ran,
ahnt bereits der arme Mann.

Er spürt der Gattin böses Treiben,
auch sie möcht sich an ihm reiben,
und er kriegt fast eine Wut,
doch das Frühstück, das ist gut.

WOK *(Würgen oder Kotzen)*

Der WOK ist eine Zauberschüssel
für gutes Kochen stets der Schlüssel,
denn die Speisen, ohne Frage,
geben Anlass oft zur Klage.

Es ist ein Mahl ganz voller Sinnen,
doch was ist da wirklich drinnen,
denn wenn der Koch ruft »tock, tock, tock«,
dann kommt ein Hühnchen in den WOK.

Hühnchen, die sind sehr gesund,
doch wenn man brutzelt einen Hund,
dann konnte der nicht schnell entfliehen,
als man ihm tat die Haut abziehen.

Auch Katzen, das ist ja bekannt,
sind oftmals in den WOK gerannt,
denn sie haben sich verirrt,
so schnappte sie der gelbe Wirt.

Gemüse und auch Bambussprossen,
hat man aus dem WOK genossen,
doch man frägt sich voller Bangen,
»isst der Chinese etwa Schlangen?«.

Oder sogar kleine Mäuse,
oder Schnecken im Gehäuse,
auch Ratten, welche gut gemästet,
man gern im WOK ganz lecker röstet.

Es ist schon herrlich anzuschau'n
das WOK-Lokal in Chinatown,
doch dabei das Schönste ist,
man weiß nicht wirklich was man frisst.

Die hungrige Maria

Maria war darauf versessen,
wieder mal ein Steak zu essen,
doch leider war es zäh wie Leder,
das mag nicht jeder.

Deshalb hat sie es vernichtet,
wird von Insidern berichtet,
die dies mit Sicherheit gleich fühlen,
weil sie im Biomüll 'rumwühlen.

Maria lass dir deshalb sagen,
hau dir das Steak gleich in den Magen,
dann kannst du stundenlang verdauen,
und die Nachbarn brauchen nicht in die Tonne zu schauen!

Arche Noah

Die Arche Noah schwamm daher,
übers weite, tiefe Meer,
sie hatte sehr viel Fracht geladen,
darunter Fliegen und auch Maden.

Der Noah hat das Teil gezimmert,
bis es ihm vor den Augen flimmert,
doch der Herr, der stets allmächtig,
sagt zu ihm »das Schiff ist prächtig!«.

Nun hatte er auf Gottesweisung
erfüllt die biblische Verheißung,
von allen Tieren zwei einzuladen,
wie schon gesagt, es gab auch Maden.

Mit Pech tat er das Schiff verstärken,
damit es standhält in den Bergen
und nach dem Wellengange nicht
plötzlich auseinanderbricht.

Gott der Herr hat ihm befohlen,
er soll sich auch zwei Menschen holen,
damit auch später nach der Flut
werde alles wieder gut.

Noah folgte Gottes Willen
und so tat sich das Wort erfüllen,
doch ein Fehler schien er gemacht zu haben,
er nahm ein Ehepaar aus Schwaben!

»Ach hätt' ich doch an Bord Ostfriesen,
die würden mir nicht den Tag vermiesen,
denn diese würd' ich besser schätzen,
als mit den Schwaben schwäbisch schwätzen.« (*reden*).

Der Noah hat sich sehr ereifert,
weil die Schwäbin nur noch geifert,
doch als die Arche wieder stand,
schickt er sie gleich ins Schwabenland.

Zurück zur Realität

So ganz am Schluss möcht ich riskieren
und ganz nüchtern resümieren,
dass dies alles, das ist klar,
nur Spaß und meist gelogen war.

Ein bisschen Wahrheit kann **der** finden,
der das Buch liest bis ganz hinten,
und wenn dabei er schmunzelt leicht,
dann habe ich mein Ziel erreicht.

Natürlich hab ich übertrieben,
bewusst auch Blödsinn aufgeschrieben,
aber das ist so gewollt,
denn Reden ist Silber und Schreiben ist Gold.

Jeder, der das Buch wird kaufen,
kann sich vor Schreck die Haare raufen
und trauern nach dem vielen Geld,
weil er das Büchlein hat bestellt.

Doch man braucht sich auch nicht scheuen,
sich über manchen Spruch zu freuen,
wenn mancher »Steinschlag« schlug hier ein,
viel Spaß beim Lesen wünscht Dieter Stein.

Im Jahr 1990 wurde ich neben Michail Gorbatschow und Prinzessin Caroline von Monaco zum Gewinner des Jahres ernannt.

Diese Fotomontage entstand im Europa-Park, Rust

Stein der Weisen

Gedichte, die die Welt nicht braucht

3. Buch

Aller Anfang ist schwer

Meine Bücher mit Gedichten
bringen nahe euch Geschichten,
welche sind total erlogen,
doch das Volk ist mir gewogen.

Darum habe ich gesponnen
und Weiteres dazu ersonnen,
obwohl ich weiß, mein Kopf ist leer,
trotzdem mehr Verse – bitte sehr!

Wie soll das dritte Büchlein heißen?,
ich nenne es den »Stein der Weisen«
und heute ist es nun soweit,
kauft ein das Buch, ihr lieben Leut'.

Es ist mein Hobby - ohne Frage,
das macht mir Spaß so manche Tage,
drum geht`s mir gar nicht um das Geld,
wichtig ist, mein Buch gefällt!

Dank meiner vielen guten Kunden
hab ich positive Resonanz gefunden,
das macht mich heiter und auch froh,
man wünschte mir: »mach weiter so!«.

Ihr werdet es bestimmt nicht fassen,
ich werd' das Dichten bleibenlassen
und nur noch schöne Bücher schreiben,
vielleicht lass ich auch beides bleiben.

Viel Spaß soll euch das Buch bereiten,
dann freu ich mich und sag bescheiden:
»Trag's mit Humor und lies mit Schmunzeln,
das Lachen glättet alle Runzeln.«

Blitz und Donner

Wenn es donnert und auch blitzt,
die Memme stets zuhause sitzt
und prasselt noch herab der Regen,
wagt er es nicht, sich zu bewegen.

Ist dann vorbei das Ungewitter,
dann wird er zum stolzen Ritter
und Lügen werden aufgetischt:
»Das Wetter hat mich voll erwischt«.

Brief an die Oma

»Du bist die Beste auf der Welt,
drum schicke mir gleich etwas Geld«,
so schreibt der Enkel, der beliebt
und hofft, dass Oma etwas gibt.

Dieselbe war vom Brief ergriffen,
so formuliert, war sehr geschliffen,
drum ist die Frau den Tränen nah
und wusste nicht, wie ihr geschah.

Solch ein Brief, der braucht auch Dank,
drum lief die Gute hin zur Bank
und hob von ihrem Konto ab,
viele Euros – nicht zu knapp.

Da tat sie nicht ganz ohne Stolz,
doch das liebe Geld, das schmolz,
und so schrieb sie frank und frei,
dass dies die letzte Spende sei.

Der Enkel dachte schon ans Erben
und ließ den Tag sich nicht verderben,
denn der Oma guter Rat
hat nicht gefruchtet - das war schad'.

Er bettelt weiter, was nicht fein,
(so blöd kann nur die Oma sein)
und schickt ihm nochmals ein paar Kröten,
weil der Enkel ist in Nöten.

Ist dann das Erbe schnell vergeben
und die Oma noch am Leben,
dann verliert er das Int'resse,
von ihrem Tod schreibt ja die Presse.

Das Freitagsgebot

Die Mutter sitzt allein am Tisch,
denn keinem, außer ihr, schmeckt Fisch,
das ist sehr schlimm und auch betrüblich,
doch leider Gottes freitags üblich.

Tränen weint die fromme Frau
allein mit einem Kabeljau,
der frisch gekocht liegt auf dem Teller,
Döner Kebab ginge schneller!

Sie will sich nicht noch mehr frustrieren,
möcht' gleich zum Islam konvertieren,
dann schmeckt dem Volk ihr Essen auch,
dank Zwiebeln, Lamm und viel Knoblauch.

Das Damenkränzchen

Des Damenkränzchens frohe Runde
ist wieder mal in aller Munde,
denn man weiß Neues zu berichten
über Skandale und Stadtgeschichten.

Man trifft sich hier, wie jedes Mal,
im ausgewählten Stammlokal,
wo man sitzt am Tisch zu Vieren,
um über alles zu parlieren.

Wer ging fremd und hat betrogen
und wer die Frau hat angelogen,
dies alles wird ganz ungeniert
heiß und innig diskutiert.

Man regt sich auf und geht zu Rate,
stellt fest, um die Frau ist's schade,
da eines Mannes wilder Trieb
wirkt schon wie ein Seitenhieb.

So spricht man über die Moral,
denkt sicher auch an den Gemahl
und ahnt, da dieser kaum beachtet,
nun anderweitig übernachtet.

Die Damen werden leicht nervös
und die Sache endet bös',
denn sie sind ja Ehefrauen,
die den Gatten selten trauen.

Die Basis einer guten Ehe
ist doch die körperliche Nähe,
drum ist dem Gatten man stets treu
(da stutzt der Dichter – das ist neu!).

Die Frauen wollen schnell heimgehen
und dort nach dem Rechten sehen,
doch bevor sie heimwärts starten,
verteilt man für die »Chippendales«
die Eintrittskarten.

»Männerkörper wie aus Stahl
(nicht so fett wie der Gemahl),
bringen uns zum Überschäumen«,
die Frauen vor Erwartung träumen.

Mancher Euro, was bezweckt,
wird in den Männerslip gesteckt,
dieser ist bedenklich klein,
doch hundert Euro passen rein.

Die Damen spenden unentwegt,
was sie innerlich erregt.
»Ach wie schön ist diese Welt,
im fremden Arsch das Haushaltsgeld.«

Das Pilzgericht

Trefflich schmeckt das Pilzgericht,
doch jeder überlebt es nicht,
weil schrecklich wirkt das böse Gift,
schlimm, wenn es einen selbst betrifft.

Möcht' man den Gatten schnell entsorgen,
genügt ein Pilzgericht am Morgen
und gegen Abend um halb acht
ist das Teufelswerk vollbracht.

Mit einer Portion Knollenblätter,
gibt es so gut wie keinen Retter,
so ist die Gattin guter Dinge,
sagt ihm, »es gibt heut Pfifferlinge«.

Der Gemahl sich bald vor Schmerzen windet,
die Gattin das nicht traurig findet,
denn sie spürt es wie noch nie,
»bin Witwe nach der Agonie«.

Das Teleskop

Er kauft ein Fernrohr ein im Handel,
damit er kann den Sternenwandel
nächtlich ganz allein erkunden,
er opfert gerne manche Stunden.

Er weiß, das Glotzen wird sich lohnen,
sieht den Mann im Mond dort wohnen
und plötzlich ruft er »…da, der Mars«,
da wird es hell – ihr Leut das war's.

Das Zäpfchen

Ein Zäpfchen wurde eingeführt,
es soll das Fieber senken,
man hoffentlich die Wirkung spürt,
das wird der Nutzer denken.

Im Rektum war der Arzt zugange,
ein kurzer Flutsch, es ging nicht lange,
dann darf der Kranke wieder ruh'n,
das Zäpfchen kann die Wirkung tun.

Der arme Romadur

Vor mir liegt ein Romadur,
der ist sehr alt und stinkt nicht nur,
drum wünsche ich ihm schnell den Tod
und schmier ihn mir aufs Vesperbrot.

Der fette Camembert

Der Romadur ist nicht viel wert,
teurer ist ein Camembert,
welcher liegt in den Regalen,
doch wer soll den Käs' bezahlen?

Nimmt man denselben in die Hände,
fallen auf die Fettprozente,
welche auf der Packung steh'n,
in Frankreich findet man das schön.

Drum: Achtet man auf die Figur,
gibt's nur eins: den Romadur!

Der Keuschheitsgürtel

Ging auf den Kreuzzug so ein Ritter,
war es für die Weiber bitter,
denn als man konnt' der Frau nicht trauen,
begann man Gürtel einzubauen.

Das ganze Ding war maßgeschneidert,
was die Gattin nicht erheitert,
doch als der Gatte hoch zu Ross
die Burg verlies, da stört das Schloss.

Den Schlüssel tat er gut verwahren,
damit derselbe noch nach Jahren
zum Schlosse dieses Gürtels passt,
drum hat die Ritter man gehasst.

Die Frauen tat das sehr beengen,
warum musst es ihn zum Kreuzzug drängen?
Und als das Blech begann zu rosten,
weilt der Ritter längst im Osten.

Jahre später kam er wieder,
um anzustimmen Minnelieder,
doch die Frauen, was verständlich,
riefen: »Mach das Schloss auf – endlich!«.

Der Ritter gern die Liebe kostet,
doch der Schlüssel war verrostet
und so erlitt auch der Gemahl
durch Fehlversuche Höllenqual.

Der Blumenfreund

Karl-Josef war ein Blumenfreund
und er hat bitterlich geweint,
als man die Pflanze raus gerissen
und achtlos hat dann weggeschmissen.

Der Pizza-Express

Die Pizza sprach zur Cannelloni:
»Man liefert mich zur jungen Vroni,
welche mich fürs letzte Geld
telefonisch hat bestellt.«

»Ich trag heut mein Salamikleid
und hoff, dass es die Vroni freut,
die auf Salami ganz verrückt
und mich in einem Schlag verdrückt.«

Die Cannelloni war voll Neid
(sie hat ja kein Salamikleid),
doch sie ist scharf und gut gewürzt
und hofft, dass jeder auf sie stürzt.

Da sagt sie voller Zuversicht:
»Ich bin dass bessere Gericht,
denn eine Pizza, in acht Achtel,
ist nur der Inhalt einer Schachtel.«

»Ich bin mit Liebe zubereitet
und damit die Qualität nicht leidet,
verpackt der Koch mich ganz ringsum,
in teures Aluminium.«

Was ist als Folgerung nun richtig:
nur die Verpackung, die ist wichtig!

Der Rasenmäher

Der Rasenmäher mäht und mäht,
sofern er wirklich einmal geht
und dem Benutzer wirklich nutzt,
wenn sein Rasen wird gestutzt.

Doch meistens um die Mittagszeit
ist der Mäher dann bereit
und mäht mit einem Höllenlärm
(dem Nachbar blubbert's im Gedärm).

Doch den Erfolg, den kann man sehen,
(dieser kommt ja nur durchs Mähen)
und ist das Gras dann kurz geschoren,
dann hat der Nachbar taube Ohren.

Der Unterschied

Die Mumie liegt im Sarge drin
und muffelt leise vor sich hin,
mit Binden ist sie eingewöckelt,
damit sie nicht auseinander bröckelt.

Der Vampir, gleich daneben dann
ist hier einfach besser dran,
denn es geht ihm einfach gut,
er steht auf und saugt das Blut.

Der Türsteher

Vor einer Bar, die jede Nacht
hat den Laden aufgemacht,
da steht ein Herr so ganz allein,
der Job ist blöd, der Lohn ist klein.

Doch er steht da bis um die Vieren,
er bibbert arg und tut auch frieren
und freut sich, wenn es ist vorbei,
zum Wärmen fehlt 'ne Schlägerei.

Drei bis vier ganz kurze Haken
in des Gegners vollen Magen,
bringen Freude als Ergebnis
und gelten als Erfolgserlebnis.

Der Zusammenhalt

Der Busen ist des Weibes Glück
und er ist was für Männer,
mal ist er zart, mal ist er dick,
so mögen ihn die Kenner.

Die junge Maid, die wird ihn tragen,
voller Stolz und voller Lust
und an allen Wochentagen
zeigt sie dem Volke ihre Brust.

Um die Größe noch zu toppen,
presst sie ihn in ein Dirndl rein,
die Männer möcht' man somit foppen,
die steh'n auf Groß und nicht auf Klein.

Der Busen wird, da gern benutzt,
natürlich schnell verschlissen
und deshalb reichlich abgenutzt,
wie wir ja alle wissen.

Die Natur mit den Gewalten
macht natürlich niemals Halt,
sie kann die Kilos nicht mehr halten,
er fällt nach unten – er wird alt!

Um dies Malheur schnell aufzuhalten,
kauft sie ein BH als Dessous,
sodass des Busens große Falten,
hinweg gefegt sind – ganz im Nu.

Ein »Wonderbra«, der soll verhindern,
dass ein Absturz steht bevor,
das Gewicht soll er vermindern
und außerdem stellt er was vor.

Problemlos wird er umgeschnallt
und rückt die Brust ins rechte Licht,
es lebe der Zusammenhalt,
denn ohne diesen geht es nicht.

Die Ehepflicht

Wer von uns Männern kennt sie nicht,
die verdammte Ehepflicht,
welche Freude soll bescheren,
darum darf man sich nicht wehren.

Der Mann muss sich der Liebe beugen,
um möglichst einen Sohn zu zeugen,
welcher später im Bekanntenkreise,
gilt stets der Treue zum Beweise.

Nun, man muss sich vorbereiten
(Eile kann die Frau nicht leiden)
und hoffen, dass der Coup gelingt
und das Erwünschte etwas bringt.

Der Wal

Auf dem Meer, da schwamm ein Wal,
der war erkältet, welch 'ne Qual,
drum musste er nach oben prusten,
im Wasser kann er ja nicht husten.

Die Schwarz-/Weißwurst

Ob die Schwarzwurst ihren Namen kennt
und weiß, dass man sie Schwarzwurst nennt?
Das hat noch niemand je erkundet,
doch wichtig ist, die Schwarzwurst mundet!

Diesen Text kann man auch für eine
bayerische „Weißwurst-Variante"
verwenden.

Die Sphinx

Die Sphinx misst über zwanzig Meter
und es kennt sie heute jeder,
doch in geschichtlich frühen Tagen,
hat *Mohammed Saim el-Dar*
ihr die Nase abgeschlagen.

Was lernen wir aus diesem kurzen Gedicht?
Man muss nur meine Verse lesen,
dann erfährt man, was gewesen.

Diskriminierung

»Mohrenkopf« und »Negerküsse«
sind doch der Gipfel der Genüsse,
doch darf man dieses nicht mehr sagen,
sonst könnte irgendjemand klagen.

Drum liebe Neger und auch Mohren
lassen wir euch ungeschoren
und nennen Beides – weil man muss,
liebevoll jetzt »Schokokuss«.

Die Kegelreise

Der Kameradschaft zum Beweise
macht der Club 'ne Kegelreise,
egal wohin, an welchen Ort,
Hauptsache ist – es geht weit fort.

Den Alltag hinter sich mal lassen
ist Trumpf, daher plündert man die Kassen,
um mit dem übers Jahr Ersparten
in die weite Welt zu starten.

Das Ziel wird sorgfältig erwogen,
da wird geschwindelt und gelogen,
weil die Frau es kaum versteht,
wenn's nicht nach Altötting geht.

»Ach ich werde dich vermissen,
ohne dich geht's mir beschissen«,
so lässt man sie im Glauben nur,
dass man fährt zur Traubenkur.

Es kam der Tag der großen Reise,
ein Küsschen noch – dezent und leise,
doch während noch die Lippen brennen,
möchte er zum Flugzeug rennen.

Die Gattin weint und ist erschüttert,
(der Gemahl die Freiheit wittert),
es tränen herzhaft die Pupillen,
sie lässt dem Gatten seinen Willen.

Die Kegler treffen sich seit Jahren,
um möglichst sehr weit weg zu fahren,
denn ihr Ziel, das ist gewiss,
heißt nicht Altötting, nein, Paris!

»Oh Paris, du Ort der Liebe,
der Freude und der großen Triebe,
sei gegrüßt und auch umschlungen,
endlich am Ziel, es ist gelungen.«

Man rüstet sich zum Abendtanz,
im Koffer bleibt der Rosenkranz,
den uns die Gattin mit Bedacht
ins Gepäck hat eingebracht.

Das Tanzparkett, das ist schon offen
und die Kegelbrüder hoffen,
dass irgendeine schöne Maid
nicht nur zum Tanzen ist bereit.

Doch wie ein Wunder, alle Damen,
äußerst seltsam sich benahmen,
drum sind die Freier allesamt,
zu einer Tanzpause verdammt.

Nun, man möchte nicht verdrießen,
weil uns die Damen sitzen ließen,
frustriert meint dann ein Kegelbruder,
»ich tanze nicht mit einem Luder«.

Im Striplokal gleich nebenan
geht man griffiger schon ran,
und manchem Kegler wird bewusst,
der Table Dance erhöht die Lust.

Nach kalter Nacht, ganz ohne Frauen,
tut man bewusst nach vorne schauen
und ist sich einig – alle Mann,
dass nur Kultur noch helfen kann.

Der Eiffelturm, der wird bestiegen,
man wird am Seine-Ufer liegen,
auch den Louvre und Notre-Dame
sieht man interessiert sich an.

Die »Mona Lisa« an der Wand
lächelt an uns süffisant,
als möcht' sie dem Betrachter sagen,
wer lächelt, hat kein Grund zum Klagen.

Durch Kunstgenuss, da wird man schlauer,
doch im Magen wird es flauer,
weil man hat noch nichts gegessen
und hat das Trinken auch vergessen.

Also auf, man wird jetzt starten,
die Baguettes im Bistro warten,
um auch noch ein Bier zu schlürfen,
(es wird wohl mehrerer bedürfen).

Da daheim die Frauen warten,
verschickt man bunte Ansichtskarten,
die man mit Sorgfalt und Bedacht
hat aus Altötting mitgebracht.

Daheim dann wieder angekommen,
spielen scheinheilig sie die Frommen,
doch die Frauen lassen sich nicht irritieren,
weil französische Briefmarken die Karten zieren.

Echt Leder

Schauspieler, die nennt man Mimen,
Lederbänder heißen Riemen,
am selben sollte man sich reißen,
jeder kann es dir beweisen!

Nach dem Krieg

Der Opa träumt vom letzten Krieg
und dem vermeintlich deutschen Sieg.
Doch da der Mann ist leicht verwirrt,
er sich in diesem Falle irrt.

Doktorspiele

»Volker soll ein Doktor werden,
dieses sei nicht schlecht auf Erden«
meint die Mutter voller Freuden,
doch zuvor, da wird er leiden.

Die Mutter jammert wie ein Tier:
»Er hat zwar den IQ von mir,
aber ist er Arzt, das arme Schwein,
lebt er gut vom Krankenschein.«

Drum muss der Sohn schon früh im Leben
im Kinderbett sein Bestes geben,
und Mutter kann es kaum erwarten,
bis öffnet sich der Kindergarten.

Dort kriecht das Kind auf allen Vieren
(Mutter denkt ans Operieren),
denn es wird so langsam Zeit,
dass der Volker wird gescheit.

Das brave Kind spielt noch mit Bällen,
träumt nicht von Kranken und Skalpellen,
nein, meint die Mutter unbeirrt,
»ob Volker je ein Doktor wird?«.

Die Schule kommt und er lernt lesen,
was nicht leicht für ihn gewesen
und auch bei Mathe, ach oh Schreck,
läuft dem Kind die Klugheit weg.

Die Mutter sorgt sich allemal,
spricht ausnahmsweis' mit dem Gemahl,
welcher sagt: »der Bub ist dumm
und bringt es nie zum Studium«.

Mutter ängstlich und vergrault,
weil der Vater immer mault
und Volker, ja der wird auch älter,
den jungen Damen jetzt gefällt er.

So tat der Volker eine finden,
er muss den Frauenleib ergründen,
dazu braucht er kein Latein,
der Mensch ist von Natur ein Schwein.

Gekonnt entwickelt er Gefühle,
ist Champion beim Doktorspiele,
diese treibt er heftig wild,
Resümee:
Mutters Traum hat sich erfüllt!

Je nach Bedarf: süß oder scharf

Der Feuersenf dem Manne mundet,
das ist verbürgt und auch erkundet,
doch ist in Bayern er zugange,
dann hält der süße Senf nicht lange.

Die Mörderin

Eine Mörderin hat man gefasst,
nun sitzt sie ein im Frauenknast,
um ihre Bluttat zu bereuen,
das wird sie nicht besonders freuen.

Das Opfer, das sie auserkoren,
hat sein Leben nur verloren,
weil sie tat ganz aus Versehen,
den Gashahn zu weit aufzudrehen.

Der Gatte, der meist überlastet,
ist zum Küchenschrank gehastet,
um sich die Pfeife anzustecken,
nun ist er tot – er tat verrecken!

Die Gattin muss nun deshalb sitzen
und darf in einer Zelle schwitzen,
doch insgeheim ist sie zufrieden,
denn ihr Gemahl ist hingeschieden.

Eintopf gibt's

Um am Haushaltsgeld zu sparen,
kocht die Mutter schon seit Jahren,
jede Woche, 's ist zum Grinsen,
einen Eintopf voller Linsen.

Am Niklaustag derselbe spricht:
»Du kriegst die Rute oder nicht,
wenn du mir jetzt deutlich sagst,
dass du den Linseneintopf magst.«

Vor Angst und vor der Rute Schlag,
sag ich, dass ich Eintopf mag,
der Nikolaus ist damit zufrieden
und gabenreich von uns geschieden.

Doch in Wahrheit – 's ist verbürgt,
hat mich das Essen stets gewürgt
und auch die Wurst als Fleischeinlage
versaute mir so manche Tage.

Entspannung

Ich sitze da schon seit zwei Stunden,
hab nix getan und nix erfunden,
hab nur gesunde Luft verbraucht,
ich weiß jetzt auch, das Nichtstun schlaucht.

Drum werd' ich mir die Zeit vertreiben
und ewig nur ein Faulpelz bleiben,
denn wenn am Tage nichts geschieht,
bin ich am Abend trotzdem müd.

Eu und Ö friedlich vereint

Sie war im Haarsalon Friseuse
und erzählte mit Getöse
(da gab sie sich auch keine Blöße)
von ihrer neuen Fett-Fritteuse.

Ach, sie schwärmt von ihrer Größe,
sie liebt halt ihre Fett-Fritteuse.

Hahn und Henne

Der Hahn, der steigt auf eine Henne
und spricht, »da ich dich bestens kenne,
werde ich dich jetzt besteigen
und dir meine Wollust zeigen«.

Die Henne ist erregt und gluckt,
weil es sie am Bürzel juckt
und auch der Hahn ist gut dabei,
weil er zeugen darf ein Ei.

Er geht zu Werke ganz in Eile,
(es dauert eine kleine Weile)
bis er erlöst von dannen flattert
und die Henne glotzt verdattert.

Ratschlag eines Würfelzuckers

Hallo, dein Leben ich versüße,
darum von mir die besten Grüße,
nimm zwei von mir, dann wirst du froh
und steigerst deine Libido.

Im Pub

In einem Pub stand an der Theke
ein junger Mann – er soff sehr rege,
und als er sich zurechtgefunden,
lag er bereits am Tresen unten.

Doch zuvor musst' er sich quälen,
soll Whisky oder Bier er wählen?
Doch er tut richtig sich entscheiden,
nimmt jeweils beides von den beiden.

Der Whisky, den er sich genommen,
ist ihm auf Dauer nicht bekommen,
drum wurde er schnell blass und blasser,
und so was schimpft sich »Lebenswasser«.

Im Museum

Im Museum, welche Pracht,
wird ständig eine Schau gemacht,
denn in Vitrinen macht sich breit,
des Homo sapiens Vergangenheit.

Beim Skelett mit Saurierzähnen
vernimmt man oft ein lautes Gähnen,
weil die Schüler, die zu viert,
das Knochenzeugs nicht int'ressiert.

Der Führer, der in einer Ecke,
steht nur rum zu diesem Zwecke,
dass er das Tertiär kann erklären,
welches Forscher hoch verehren.

Den Lehrer hört man lautstark sagen,
man kann den Führer alles fragen,
doch dieser fromme Wunsch verhallt,
das ganze Zeugs, das ist zu alt.

In einem Glas, voller brauner Soßen,
schwimmt der Kopf von Karl dem Großen,
der eingeweckt in Spiritus, wartet
auf den Exitus.

Die Mädels, die sich schrecklich ekeln,
kauen an den Fingernägeln
und möchten sich schnell übergeben,
Männerfleisch, das sollte leben!

Im großen Saal, bei alten Rittern,
tun bereits die Schüler twittern
und sich gegenseitig schreiben,
was sie so am Abend treiben.

Nach einer langen, langen Stunde
endet die Museumsrunde,
man sagt mit ruhigem Gewissen:
»das Eintrittsgeld war rausgeschmissen.«

Muttergefühle

Der Schraubenschlüssel sprach zur Mutter:
»Du wackelst rum, das ist nicht fein,
doch alles wär bei dir in Butter,
du musst nur fest verankert sein.«

Der Schlüssel, der die Mutter liebte,
meinte, »nur ein kurzer Dreh
und du bist wieder angezogen,
obwohl ich dich gern nackend seh.«

Schillers Glocke
(leicht abgewandelt)

Fest frustriert so auf der Erden
ist eine Jungfrau rumgerannt,
heut noch will sie Mutter werden,
denn sie ist nicht mehr bei Verstand.

Das Bette tut sie vorbereiten,
denn es passiert wohl meistens dort,
ein hübscher Jüngling wird sie reiten,
darauf hat sie von ihm das Wort.

Nehmt's beste Stück von diesem Manne,
doch zu trocken darf 's nicht sein,
schau, dass man in der Badewanne
das Vorspiel treibt zum Glücklichsein.

Der gelbe Sack
(sehr frei nach Wilhelm Busch)

Ein gelber Sack, den meine Holde
nicht auf die Straße tragen wollte,
wurde in ein Eck gestellt,
weil's meiner Liebsten so gefällt,
legt sich in würdevolle Falten
und redete mit meiner Alten.

Ich, sprach er, bin der gelbe Sack,
ihr Menschen seid nur dummes Pack.
Ich bin's, der dir für wenig Geld,
den Verpackungsmüll zusammenhält.

Ich bin's, der hoch vonnöten ist,
dass keiner deinen Müll vermisst.
Ich, dessen hohe Fassungskraft,
das Plastikzeugs zur Presse schafft.

Verneig dich tief - und fällt's auch schwer,
was wärest du, wenn ich nicht wär?
Die Alte mault, tut sich beschweren:
Du wärest leer,
wenn wir nicht so verfressen wären.

Stimmung

Heut, da bin ich sehr gut drauf,
das fällt sogar der Gattin auf,
doch wenn die Stimmung wieder sinkt,
es der natürlich kräftig stinkt.

Dabei hat diese zu beachten,
dass sie mit der von ihr gemachten
Schnute trägt die meiste Schuld,
ja ein Mann braucht viel Geduld.

Im neunten Monat

Im neunten Monat war dann klar,
dass sie nicht mehr Jungfrau war,
sie ist noch ledig, das ist Mist,
man rätselt, wer der Vater ist.

Man weiß genau, Hans war bei ihr,
doch der war letztes Jahr nicht hier,
was alle Nachbarn sehr erstaunt,
ein Damenplausch wird anberaumt.

Hinter vorgehalt'nen Händen
will die Tuschelei nicht enden,
denn der bösen Weiber Zunge
weiß bereits: »es wird ein Junge«.

Als dann das Kind zur Welt gebracht,
hat man der Mutter zugelacht
und mitgeteilt, wie man sich freu',
ein schönes Kind, oh ei, dei, dei.

Zappenduster

Im Keller gibt's nur dunkle Wände,
den Strom hat man mir abgestellt,
dort liegt zwar Kohle ohne Ende,
trotzdem gibt die Bank kein Geld.

Da hilft dann leider nur noch beten,
ein kurzer Blick zum Himmel nur,
doch das interessiert nicht jeden,
es kommt kein Strom, was sind die stur!

Soll ich etwa selber treten
mit einem alten Dynamo?
Ich glaub, dann tu ich lieber beten,
die Schufterei macht mich nicht froh.

Da, es tat ganz kurz mal blinken,
der Strom war für Sekunden da,
doch schon wieder tat's mir stinken,
als ich kein Licht im Keller sah.

Guter Rat, der ist nun teuer,
zahl ich, oder zahl ich nicht,
ich zahl auch niemals meine Steuer,
drum brennt im Keller ja kein Licht!

Heiratsmarkt im Internet

»Ach, wenn ich nur ein Mäuschen hätt,
richtig süß und auch adrett«,
drum wünschte sich der Junggeselle
ein liebes Weibchen auf die Schnelle.

Er packt es an, denn er ist schlau,
sucht wie der Bauer eine Frau,
drum meldet sich der gute Mann,
im Internet als User an.

Den Namen möchte er nicht nennen
(den braucht man vorerst nicht zu kennen),
er braucht ein Pseudonym zum Tarnen,
weil möchte er die Maid umgarnen.

Er grübelt nach und denkt dabei,
dass »*Liebesfuchs*« am besten sei,
die Auserwählte weiß dann prompt,
dass er nicht nur zum Flirten kommt.

Die Agentur, die er verpflichtet,
hat eine Seite eingerichtet,
wo er kann sich Auskunft holen
über schöne Frau'n aus Polen.

Er nimmt auch andere Exoten,
aus Bangkok oder den Lofoten,
ein deutsches Weib hat er gemieden,
er kann ja überhaupt nichts bieten.

Das Kennwort wurde übermittelt,
sodass er sich vor Freude schüttelt,
denn er hat mit einem Klick
sofort den Fleischmarktüberblick.

Die Augen fallen aus den Höhlen,
denn er kann aus vielen wählen
und findet wirklich alle toll,
Hauptsach' ist, sein Bett wird voll.

So schreibt er zaghaft und auch schüchtern
(ich glaub, er war nicht mehr ganz nüchtern),
dass er der Mann sei auf der Welt,
der allen Frauen gut gefällt.

Er sucht 'ne Frau mit vielen Gaben,
sie muss vor allem Liebreiz haben
und sie ihm noch mehr gefällt,
hätt' sie doch ein bisschen Geld.

Ein kleines Häuschen ohne Schulden
(dieses würd' er gern erdulden),
und er wär nicht abgeneigt,
wenn sie ihm seine Konten zeigt.

Auch beim Kochen und beim Bügeln
brauchst sie nicht den Ehrgeiz zügeln,
auch Dosenbier und die Pantoffel,
lässt sich servieren dieser Stoffel.

Er hat sich wochenlang gequält,
bis ihm ein Superweib gefällt,
dies meldet er gleich dem Provider,
»zahl erst das Geld, dann geht es weiter!«

Die Börse hat er schnell gezückt
und viele Scheine abgedrückt,
denn er kann es kaum erwarten,
er möchte gleich den Angriff starten.

Nun gut, das Finanzielle klappte,
da pünktlich er sein Geld berappte,
denn er bekam dann ohne Kummer
die lang ersehnte Handynummer.

Er wählt die Nummer mit Bedacht,
da hat es klingeling gemacht
und am Ende eine Stimme,
er war nervös, das war das Schlimme.

Die Dame flüstert unentwegt,
auch sie war innerlich erregt,
doch sie war mit Charme dabei,
im Hintergrund gab's Kinderg'schrei.

Der Junggeselle hört und stutzt
und vor Schreck die Platte putzt,
denn er war ganz klar der Meinung,
schlimm sei die Begleiterscheinung.

Das Geräusch macht ihm Beschwerden,
er möchte nicht mehr Vater werden,
denn er meinte gramgebeugt,
»die hätt' ich selber gern gezeugt.«

Die Dame beichtet, dass von Dreien,
nur zwei aus erster Ehe seien,
doch das Dritte – hat sie geschworen,
hat sie im Galopp verloren.

Herunter fiel ihm schnell die Fresse
und verlor bald das Int'resse,
was die Dame nicht entzückte,
da dieser Deal doch sehr missglückte.

Drum freiest du im Internet,
schau nach, ob die schon Kinder *het,
denn das ist nicht der Liebe Zweck,
kein Weib ist da – das Geld war weg.

Hochdeutsch: hat

Nouvelle Cuisine

Der Chefkoch in der Küche steht
und weiß nicht wie das Kochen geht,
das ist sehr schlimm und auch fatal,
denn alle warten auf das Mahl.

Die Mutter brüllt: »Wo bleibt das Essen,
hast du schon wieder uns vergessen,
denn die Kinder, die noch klein,
wollen gut ernährt sein.«

»Was soll ich kochen«, sinnt der Vater
und kräftig überlegen tat er,
bis ihm durchs Überlegen prompt,
ein Geistesblitz vom Himmel kommt.

»Ich könnte *Schuhbecks* Kochbuch nehmen,
weil darin die Vorschläg' kämen,
dann könnte ich ganz blitzschnell starten«
(die Kinder schon vor Hunger warten).

So blättert er total verlegen,
erbittet dringend *Schuhbecks* Segen,
dass dieser ihn doch inspiriert,
damit er ein tolles Mahl kreiert.

Im Kühlschrank schon die Schnitzel warten,
die hoffen, dass der Koch wird starten,
denn sie wollen auf den Teller,
auf zack, zack, das geht noch schneller.

Er greift zur Pfanne und er weiß,
die ist schon seit Stunden heiß
und das Öl, das hilft beim Braten,
löst sich auf in Nebelschwaden.

»Ach mein Gott, das ist ein Kampf,
die ganze Küche unter Dampf«,
so hörte man den Armen klagen
(den Kindern knurrt schon längst der Magen).

Des Koches Nerven liegen blank,
er blickt vor Scham zum Küchenschrank
und macht sich beinah in die Hose,
»da, eine Raviolidose!!«.

Er nimmt vor Freud das Ding entgegen,
denn das kommt ihm sehr gelegen
und zaubert in der Küche rum,
die Kinder sind vor Hunger stumm.

Mit einem Öffner, man darf hoffen,
ist die Dose blitzschnell offen
und mit Witz und auch mit Charme
kriegt er die Ravioli warm.

Die Mutter einen Angriff startet
(sie weiß noch nicht was sie erwartet),
und verwarnt erneut den Gatten,
er soll das Essen endlich starten.

Als sie dann blickte hin zur Küche
irritieren die Gerüche,
denn dieses ist kein Gaumenkitzel,
es riecht hier nicht nach Schweineschnitzel.

Die Mutter sprach dann: »Ich erschlag dich«,
die Kinder meinen: »Ravioli mag ich«,
drum braucht man sich niemals genieren,
kann auch mal Dosenfraß servieren.

Rosenkohl

Gibt's zuhause Rosenkohl,
fühle ich mich nicht mehr wohl,
denn ich mag denselben nicht,
was doch für meinen Anspruch spricht.

Im Schülerbus

Im Schülerbus im Morgengrauen
sitzen Schüler und auch Frauen,
welche machen wie die Wilden
und so was soll die Schule bilden!

Ganz hinten, in den letzten Reihen,
wird rumgeknutscht, man mag's verzeihen,
es wird getestet wie halt immer,
für Anatomie im Klassenzimmer.

Etwas vorne, bei den Braven,
welche müde sind und schlafen,
läuft es meistens gar nicht rund,
der Kaugummi, der klebt im Mund.

Den Fahrer wird die Last erdrücken,
man sieht ihn in den Spiegel blicken,
um all das Elend zu entdecken,
der Spiegel dient nur diesen Zwecken.

Der Messerwerfer

Es sagt die Frau zum Messerwerfer:
»Warum schleifst du heut die Messer schärfer,
du willst mich doch bestimmt ermorden?«

»Quatsch keinen Mist, ich schneide Torten.«

Hommage an die Dritten

Nach Paulchens dritten, teuren Zähnen
muss er sich gewaltig sehnen,
denn diese, ich sag's unbenommen,
sind abhanden ihm gekommen.

Die Suche, die schon Tage dauert,
brachte nichts, er ist versauert,
denn, das hat ihn schon gequält,
auch das Glas nebst Inhalt fehlt.

Er schaute nach in allen Ecken,
wo könnt' sich das Gebiss verstecken,
doch kein positives Resultat
kam raus - und das war schad'.

Unterm Bett und unter Decken
könnt' sich das Gebiss verstecken,
doch wie das Schicksal es so will,
fehlt was im Maul, dann ist man still.

Was würde er euch dafür geben
(anstatt wochenlang von Grießbrei leben),
wenn er wieder, das wär nett,
seine Zähne endlich hätt'.

Die Presse tat ihn unterstützen,
doch es konnte ihm nichts nützen,
die Zähne sind, das war ihm klar,
einfach nicht mehr auffindbar.

Er wusste nun, und das ist Mist,
da hilft ihm nur der Zahn-Dentist,
welcher kräftig angefasst
und neue Zähne ihm verpasst.

Das Ganze war schon lang vergessen
(er konnte wieder prächtig essen),
und auch bei ersten zarten Küssen
musste er nichts mehr vermissen.

Vergessen war die Sache schon,
da klingelte das Telefon
und Lieschen aus Amerika
meint, »Opa, dein Gebiss ist da«.

Ach was war die Freude groß,
Paul, der jauchzte echt drauflos,
denn er hatte, wie verzwackt,
die Zähne als Geschenk verpackt.

Am Telefon gab's einen Kuss,
die Zähne sind da und nun ist Schluss!

Vier kleine Jägerl(at)ein

Vier Frauen gingen auf die Pirsch,
um zu jagen einen Hirsch,
eine schoss ihm ins Geweih,
der Schuss prallt ab, da warn's noch drei.

Von diesen Dreien war eine kesser,
denn sie zog ein blankes Messer,
um den Hirschen zu erstechen,
doch dieser tat sich bitter rächen.

Er senkt den Kopf und nahm Anlauf,
saust auf die Messerdame drauf
und hat dieselbe – last but not least
mit dem Geweih schnell aufgespießt.

Die Zweite schoss, was streng verboten,
vor Angst dem Hirschen in die Hoden,
doch der Schuss hat nur gestreift,
was der Hirsch sofort begreift.

Er schnaubt ganz wild, so wie ein Stier
wird rasend wie ein wildes Tier,
die Dame flieht und rennt und stürzt,
was ihr Leben sehr verkürzt.

Nun waren es der Frauen zwei
(das ist für kluge Leut' nicht neu),
von denen eine voller Mut
den braven Hirschen ärgern tut.

Der Hirsch wird durch das Treiben wild,
»was führt die Alte nur im Schild?«
und meint: »Die ist ja auf der Balz
nach dem Königstier des Walds.«

Nun nahm das Schicksal seinen Lauf,
das Tier springt auf die Dame drauf,
doch dieses überlebt sie nicht,
der Hirsch ist ja kein Leichtgewicht.

Und die letzte Jägermaus,
zielt genau, der Schuss kam raus
und trifft den Hirschen in das Herz,
er starb ganz schnell und ohne Schmerz.

Da liegt es nun das blöde Vieh
und ist sehr tot, so tot wie nie,
das fand die Schützin wirklich geil,
darauf ein Schnäpschen – waidmannsheil!

Zur guten Nacht

Die Mutter hat zur guten Nacht
dem Kind ein Märchen mitgebracht,
welches soll die Nacht versüßen,
doch die Mama musst' es büßen.

Es war ein Büchlein, schon sehr alt
und handelte vom Märchenwald,
wo Schneewittchen bei den Zwergen
durfte fleißig rumfuhrwerken.

Nachdem das »Wittchen« dann verendet,
war Mutters Lesestund' beendet
und nahm das Büchlein unter'n Arm,
der Knabe plärrte, »Großalarm«.

Er brüllte kräftig - »will noch mehr,
bring das Büchlein wieder her,
ich möchte noch Frau Holle hören«,
die Mama, ließ sich halt betören.

Frau Holle durft' am Deckbett rütteln
und den Schnee nach unten schütteln,
welcher fiel besonders tief,
es war soweit, der Knabe schlief.

Die Mutter war dem Kind gewogen,
hat sich dann schnell zurückgezogen
und schloss die Tür und löscht die Funzel,
doch drinnen schrie es »…will Rapunzel«.

Also zurück und noch gelesen
wie's war im Märchenland gewesen,
als dort 'ne Maid mit langem Haar
erbarmungslos gefangen war.

Der Prinz, der hat den Turm bestiegen,
doch Mutter konnt' den Schlaf nicht kriegen,
weil der Dickkopf, mit dem Schädel,
wollt noch den Hänsel und die Gretel.

Als dann das Märchen war verklungen,
ist die Mama aufgesprungen
und sie stand schon auf dem Treppchen,
da schrie das Kind »wo bleibt Rotkäppchen?«

Die bringt der Oma gern das Essen,
doch diese war schon aufgefressen
vom schlimmen Wolf, der böse ist
und außerdem noch Geißlein frisst.

Die Mutter spürt, »das wird heut hart«
und dann beim König Drosselbart
ist sie sehr müde und liegt flach,
die Mutter schläft, das Kind ist wach!

Ein Bücherwurm

Es lebte mal ein Bücherwurm,
in einem hohen, alten Turm,
dieser war nicht sehr bekannt,
doch hat 'ne große Bücherwand.

Der Wurm, der klug und weise war,
fraß nur das Beste, das war klar
und da im Deutsch es bei ihm hapert,
hat er den DUDEN angeknabbert.

Durch Goethe, Schiller, Thomas Mann
bohrt sich der Wurm so gut er kann
und war letztendlich einfach froh,
er fand ein Buch von »LORIOT«.

Das Würmchen war sich schnell im Klaren,
nur Spaß ist wichtig in den Jahren
und sang mit sich vereint im Chor:
»gibt's etwas Schön'res als Humor?«

Auf nach Bremen

Für Esel, Katze Hahn und Hund
sollte schlagen ihre letzte Stund.
Da haben sie sich in der Nacht,
ins ferne Bremen aufgemacht.

Als sie in Bremen angekommen,
hat man sie gern aufgenommen
und statt das Messer hat gewetzt,
ihnen aus Bronze ein Denkmal gesetzt.

Auf dem Bauernhof

Der Bauer will sein Erbe schonen,
darum darf keiner bei ihm wohnen,
außer seinen Blutsverwandten,
die Freude stets am Inzest fanden.

War der Knecht einmal zu Gange,
dauerte es meist nicht lange
bis er, und das ist sonnenklar,
seiner Schwester überdrüssig war.

Die Magd, des jungen Bauers Tochter,
liebte ihn und dieses mocht er,
doch eines tat ihn irritieren,
sie wollte sich nicht ganz liieren.

Des Bauers Bruder hat in der Nacht
seinen Onkel angemacht,
der, und das war allerhand,
ebenfalls auf Knaben stand.

Der Opa war auch sehr flexibel
und noch weniger penibel,
denn er hatte keine Scham,
er nahm sich was er so bekam.

Doch die Oma, die er freite,
war von den Blöden die Gescheite,
weil diese auch ganz schnell erkannte:
Steuern spart man durch die Tante.

Während Opa sich vergnügte
ihn die Enkeltochter rügte,
weil dieser hatte in den Betten
sein Mündel um den Hof zu retten.

Börsengeschäfte

An der Börse spekulieren
wollte Nachbar Knopp riskieren.
Darum kauft er, weil der Kurs gut steht,
ein dickes Aktienpaket.

Nun muss den Kurs er überwachen,
da verging ihm schnell das Lachen,
denn die Rendite ging nach unten,
was Knopp hat gar nicht gut gefunden.

Er rennt zur Bank, um zu verkaufen,
muss sich dabei die Haare raufen,
denn was Herr Knopp nicht wusste,
bei Aktien gibt es auch Verluste.

Was lernen wir daraus?

Lieber keine Aktien mehr,
als sein ein armer Aktionär.

Stein des Anstoßes

Gedichte, die die Welt nicht braucht

4. Buch

Abrakadabra

Er war als Magier 'ne Niete
und wohnte deshalb nur in Miete,
doch diese zahlt er meistens nicht,
was für sein Versagen spricht.

Die Tricks, die schon seit vielen Jahren
im Programm des Künstlers waren,
sind mittlerweile abgedroschen,
sogar die kleinen Kinder goschen
(*meckern*).

Das Kaninchen aus dem Hut
zauberte er auch nicht gut
und den Trick mit vielen Karten
musste er stets mehrfach starten.

Nein, er war kein Copperfield,
man merkte, was er führt im Schild
und die Jungfrau bitte sehr,
war schon lange keine mehr.

Als diese er dann hat zersägt,
floss das Kunstblut unentwegt,
doch einmal war dasselbe echt,
im Männerknast, da ging's im schlecht.

Allerlei

Aus Leipzig kommt das »Allerlei«,
aus manchem Haus da kommt ein Schrei,
aus mancher Wohnung kommt Gewimmer,
und je nach Zimmer kommt's noch schlimmer.

In der Küche oft die Hausfrau leidet,
wenn sie allerlei so schneidet,
im Kinderzimmer tobt man wild,
weil allerlei man führt im Schild.

Bei Kerzenlicht

Ich sitze hier bei Kerzenlicht,
an Kerzen sparen tu' ich nicht,
denn durch der Flamme heller Schein
bleibt meine Stromrechnung meist sehr klein.

Am Glühweinstand

Er steht lange schon am Glühweinstand
mit einem Becher in der Hand,
welchen er, da dieser heiß,
zu drehen und zu wenden weiß.

Er gibt sich öfters einen Ruck,
nimmt hier und da mal einen Schluck,
um das Behältnis zu entleeren,
der Alkohol, der tut sich mehren.

Erneut ein Schlückchen er sich nimmt,
er liebt die Nelken und den Zimt,
welchen diesen Saft versüßen,
doch später muss er dafür büßen.

Es dreht sich alles um sein Haupt,
mehr als die Polizei erlaubt
und als er dann ins Auto steigt
hat er den Führerschein vergeigt.

An der Zapfsäule

Der Autofahrer geht zum Tanken
und hofft, dass auch die Preise sanken,
die beim letzten Mal, wie schlecht,
waren hoch und ungerecht.

Ein Schweinepreis für einen Liter,
das ist in der Regel bitter,
und er möcht' die Preise drücken,
doch er muss erst zur Tafel blicken.

Ein Blick nach oben lässt in schaudern,
und er beginnt ganz kurz zu zaudern,
ob er soll nach freiem Willen
den Tank bis ganz zum Anschlag füllen.

Doch da hilft ihm gar kein Klagen,
nur mit Benzin, da fährt sein Wagen,
drum tankt er blasenfrei »E 10«
für Eins sechzig, das ist schön.

Größenwahn

Der Haustürschlüssel aus dem Haus
glaubt fest, er sei der Nikolaus
und dieses kann er auch beweisen,
er hat ja einen Bart aus Eisen.

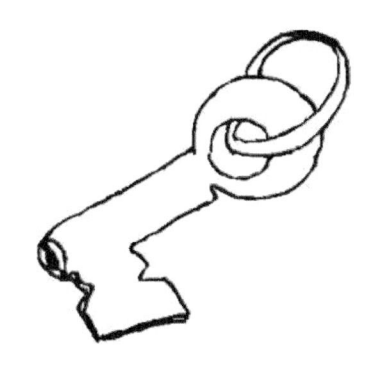

Auf zur Wahl

Er geht zur Wahl mit finsterem Gesicht,
denn das ist seine Bürgerpflicht,
doch der Spaß hält sich in Grenzen,
weil keine Kandidaten glänzen.

Die Liste mit den vielen Namen
besteht aus Herren und auch Damen,
welche meinen, wie bescheiden,
sie können jedes Amt bekleiden.

Trotzdem reagieren die schon seit Tagen
sehr nervös auf alle Fragen,
denn ein blödes Wort zur falschen Zeit
entscheidet über Tauglichkeit.

Im Hintergrund sind die Parteien,
die den Kandidaten nicht verzeihen,
wenn diese mit verbalen Wahnsinnstaten
dem Parteibuch kräftig schaden.

So muss der Wähler sich halt quälen,
denn er möchte richtig wählen,
drum macht er irgendwo ein Kreuz,
ja die Wahl hat ihren Reiz.

Das vergessene Ei

Ach, ich bin ein Hühnerei,
mit meinem Leben ist's vorbei,
denn als meine Zeit gekommen,
hat man mich aus dem Nest genommen.

Man kocht mich drei bis fünf Minuten,
länger wär zu viel des Guten,
dann bin ich weich und essbereit
und gebe Kraft für lange Zeit.

Doch auch geschüttelt und gerührt
man mich sehr oft zum Munde führt,
außerdem ich bestens tauge
zum Spinat als Ochsenauge.

Blüh'n dann im Frühling die Kroküsse,
gibt es nicht Äpfel und nicht Nüsse,
nein, mich versteckt man gern im Grase,
denn mich bringt dann der Osterhase.

Die Kinder dürfen schnell mich suchen
(es geht nicht immer ohne fluchen),
man denkt nicht an die Weihnachtszeit,
Ostern kommt, es ist soweit!

An Ostern dann, schön hart und bunt,
führt man mich öfters in den Mund,
doch werde zu Weihnacht ich gegessen,
hat man an Ostern mich vergessen.

Badetag

Am Samstag, da wird meist gebadet,
das ist schon ein alter Brauch,
gewiss, die Seife keinem schadet,
darum verwendet man sie auch.

Doch um sich besser reinzuwaschen,
muss ein besond'res Duschgel her,
darum gibt es viele Wunderflaschen,
von Nuss bis Kirsch, was will man mehr?

Vom Preise sind sie nicht zu toppen,
sie liegen fast im Centbereich,
daher kann man billig shoppen,
geschmacklich sind sie alle gleich.

Hat man sich für 'nen Duft entschieden,
riecht's in der Badewanne schon,
ja die Chemie kann vieles bieten
und fürs Gesicht gibt's »Pitralon«.

Auch Frauen dürfen lieblich duften,
das ist mit Sicherheit verbürgt
und so rochen ihre Kluften,
oft so streng, dass man sich würgt.

Heut ist das Duschen meistens üblich
und täglich wird sich abgespritzt,
denn es wäre sehr betrüblich,
wenn man im Dreck zu Hause sitzt.

Der arme Tenor

Der Tenor ölt seine Stimme,
damit sie gibt auch etwas her,
doch er bemerkt sofort das Schlimme,
es hilft der ganze Schnaps nichts mehr.

Anstatt sich Töne zu entlocken,
kommt nur ein Krächzen aus dem Mund,
er meint, er gurgelt Seifenflocken
und fühlt sich daher nicht gesund.

Mit heißem Tee und andern Dingen,
will er den Schnupfen rasch vertreiben,
denn er muss bald wieder singen,
damit die Schecks gedeckt ihm bleiben.

Beidseitige Verwendung

Ab und zu da braucht wohl jeder
ein hübsches Fieberthermometer,
denn wenn des Menschen Grade steigen,
kann dieses es ihm deutlich zeigen.

So liegt das Teil die meiste Zeit
ganz in der Näh' und griffbereit,
trotzdem hat man schon geflucht,
wenn man nicht findet was man sucht.

Im Schränkchen hat man es gefunden,
schüttelt's Quecksilber nach unten,
dann geht es rasch und führt im Nu,
das Teil seiner Verwendung zu.

Um Pein dem Kinde zu ersparen,
ist sich das Elternpaar im Klaren
und schiebt nach alter Väter Sitte,
das Thermometer in des Afters Mitte.

Minuten später ist zu lesen,
wie des Kindes Temperatur gewesen
und nach Betrachtung aller Grade,
kommt es zurück in die Schublade.

Fühlt sich auch Vater krank und matt,
weiß er, dass er ein Thermometer hat
und er erwartet den Befund,
denn es steckt in seinem Mund.

Der Fiebergrad wird schnell entdeckt
(das Thermometer komisch schmeckt),
denn beidseitig hat man es verwendet,
... damit das Gedicht nun endet.

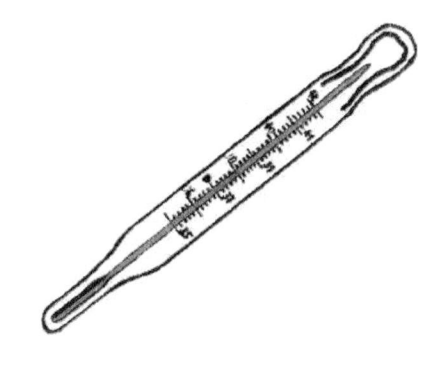

Der Wahrheit ins Auge sehen

Ich bin sehr einsam und allein,
drum schau ich in den Spiegel rein,
doch was ich sah war nicht zu fassen,
ach hätt ich's lieber bleiben lassen.

Unrasiert und alt und grau,
der Spiegel sieht das ganz genau
und seine Antwort erspar ich mir,
ich bin ja eh der Schönste hier.

Billiger Einkauf

Der Liebste darf den Christbaum holen
(früher hat er ihn gestohlen),
doch seine Gattin, die ihm anvertraut,
hat einen Baum noch nie geklaut.

So schickt sie ihren Prinzgemahl fort, auf dass er ihn bezahl,
doch der Gatte möcht nichts kaufen,
sondern dieses Geld versaufen.

Er hört nicht gern das Weiberg'schrei,
entfernt sich, kommt am Wald vorbei,
wo ein Bäumchen zu ihm spricht,
»klau mich und bezahl mich nicht«.

Gesagt, getan, der Gatte sägt,
wenn auch innerlich bewegt,
den Baum ab mit 'nem »Ritzeratz«,
es fällt der Baum, im Wald gibt's Platz.

Doch der Gefällte leise spricht:
»Ich glaube, ich gefall dir nicht,
ich wär ein hübscher Weihnachtsbaum,
doch deine Gattin liebt mich kaum.

Ich bin halt leider viel zu klein,
pass nur als Brennholz in den Ofen rein,
in welchen mich die Gattin schiebt,
da sie nur lange Teile liebt.

Dort werde ich mein Bestes geben,
um auszuhauchen schnell mein Leben«,
so endet schließlich die Geschichte
von der zu kurzen Weihnachtsfichte.

Die Liebe zum Hund

Auch ein Hund tut Druck verspüren,
drum muss ihn Frauchen Gassi führen,
damit er kann am Baum der Straße
entleeren darf den Darm und Blase.

Ein Hund muss toben und viel laufen,
auch schnuppert er an allen Haufen,
denn das ist dem Hund halt eigen,
was ausgefeilte Studien zeigen.

Und kann er eine Hündin leiden,
dann schnuppert er an beiden Seiten,
drum kann die Nase er gebrauchen,
daheim, da küsst ihn dann das Frauchen.

Dabei sein ist alles

Er war ein Sportler – nicht wie jeder,
denn er lief die hundert Meter
in Siebzehn-Komma-fünf-Sekunden,
bevor er hat das Ziel gefunden.

Das geht zwar schneller wie wir wissen,
doch er hat ein gut' Gewissen,
denn alle, die ihn überholen,
sind vollgestopft mit Anabolen.

Deshalb tut er sich auch schwer,
er ist halt ein reiner Amateur.
Die Zunge hängt, der Schritt wird schlaffer,
das seh'n am Rande alle Gaffer.

Während er muss mit dem Atem ringen,
die Sieger schon die Fahnen schwingen,
dies hätt' auch gerne er gewollt,
ein Siegesrausch in Schwarz-Rot-Gold.

Der Fernsehkoch

In den üblichen Programmen,
die das Fernseh'n täglich bringt,
wird gekocht auf heißen Flammen,
obwohl dem Publikum das stinkt.

Eine Horde kluger Köche,
die besten wohl auf dieser Welt,
brutzeln auf der Ceranfläche
mit unserem Gebührengeld.

Sie stehen rum in weißen Schürzen,
palavern irgendeinen Scheiß,
vergessen dabei gut zu würzen
und auch das Gulasch wird zu heiß.

Sie erklären, wie man Dosen
richtig öffnet, ganz korrekt
und bereiten Meistersoßen,
von denen keine wirklich schmeckt.

Chefkoch »X« kocht heute Hummer
mit feinem Dill und Sauerkraut,
denn jeden Tag wacht auf ein Dummer,
der diese Fernsehkost verdaut.

Natürlich brüsten sie sich gerne
mit ihrer Kochkunst allezeit,
denn sie haben ja vier Sterne
und sind deshalb unendlich g'scheid.

Drum stellen viele Leute Fragen,
»Wie wird das Steak schnell ›medium‹,
wenn es liegt an Sommertagen
schlecht gekühlt im Eisschrank rum?«

Während die Herren Kartoffeln reiben,
kommt man jetzt zum Höhepunkt,
denn es gibt ein Preisausschreiben
und hofft, dass es bei vielen funkt.

Man kann gewinnen und verlieren,
denn die Lösung ist nicht leicht,
ein Kochbuch werden sie signieren,
das man als Preis gern überreicht.

Schmeckt das Gekochte auch recht lecker,
die Köche kann man nicht mehr seh'n,
die gehen manchem auf den Wecker,
der bettelt, dass die Herren geh'n.

Ein gutes Buch

Jedes Jahr zur Weihnachtszeit
gibt's neue Bücher, welch 'ne Freud,
weil jeder, der was auf sich hält,
schreibt alles auf für diese Welt.

Deshalb liegen sie druckfrisch
auf manchem Weihnachtsgabentisch,
wo sie in Goldpapier gebunden
warten, bis man sie gefunden.

Der Autor ist nicht bescheiden,
denn auf vielen hundert Seiten
darf sein Leben man erfahren
und muss auch mit Applaus nicht sparen.

Die Thematik, wie wir wissen,
ist oftmals mehr als nur beschissen,
denn Lebensläufe sind beliebt
(gut, dass es nur _ein_ Leben gibt!).

Meistens lässt man die noch schreiben,
wichtig ist, die Namen bleiben
und wenn dieselben griffig klingen,
sie Money in die Kasse bringen.

Der Käufer kauft das Buch in Leinen,
als Schmuckstück, wie die meisten meinen,
doch für den oft verzapften Dreck
täte es auch Paperback.

Elend

In manchen Zimmern und auch Kammern
sitzen Leute, die viel jammern,
doch dies Gejammer niemand stört,
weil dieses meistens keiner hört.

Die Bahnfahrt

Herr Müller fährt gern mit der Bahn,
denn er möchte was erleben,
drum sieht er nach im Abfahrtsplan,
Hauptsach' weg – das ist sein Streben.

Er packt die Koffer, die aus Leder,
steht pünktlich dann am Schienengleis,
wenn man ihn sieht, dann spürt ein jeder,
»aha, jetzt reist ein Tattergreis«.

Er kauft sein Ticket gern am Schalter,
doch dieser ist, wie meist, verwaist,
nun muss er noch in seinem Alter
es selber tun, was ja viel heißt.

Er steht am Kartenautomaten
und drückt den Touchscreen fest und wild,
doch es ist zu seinem Schaden,
denn es kommt alles, nur kein Bild.

Noch einmal und auch ganz bedächtig,
streichelt er das Plexiglas
und siehe da, das Bild wird prächtig,
jetzt macht die Sache wirklich Spaß.

Nach vielen Stornos und Retouren
wird das Ticket nun erstellt,
im Kinzigtal kann er nun kuren,
in Gengenbach fürs liebe Geld.

Er bucht natürlich erster Klasse,
denn sein Vermögen ist nicht klein,
auch fährt er nicht gern mit der Masse,
nein, er will alleine sein.

So sitzt er nun in dem Abteile,
sinniert so prächtig vor sich hin
und nach einer kleinen Weile,
kontrolliert ihn eine Schaffnerin.

Diese möchte ihn beehren,
damit er zeigt ihr seinen Schein,
(nein, sie möchte nicht verkehren
und mit ihm zusammen sein).

Er nestelt in der Westentasche,
sucht seinen Fahrschein, es kommt Schweiß
und sie denkt »mit dieser Masche,
macht der Alte mich nicht heiß«.

Da, nach langem, langem Suchen
kommt der Schein ans Tageslicht,
die Schaffnerin beginnt zu fluchen,
denn so viel Zeit, die hat sie nicht.

Doch sie ist freundlich und gesittet,
letztendlich einfach menschlich doch
und als der Gast um Nachsicht bittet,
knipst sie das ersehnte Loch.

F K K

Er stand ganz nackt am Meeresstrand,
den Slip, den hält er in der Hand,
denn eine Tafel weist ihn an,
hier geht man nackt, ob Frau, ob Mann.

Er fühlt sich frei, er kann nicht klagen,
doch wurde es ihm flau im Magen,
als aus der Ferne ohne Kleid,
auf ihn zuläuft eine Maid.

»Was mach ich nur«, denkt er entsetzt
und wäre gern zurück gehetzt,
doch wusste klar der nackte Mann,
»die Dame hat ja auch nichts an«.

Er nahm zusammen allen Mut,
er schwellt die Brust – und das war gut,
denn er erhoffte einen Blick,
nicht nur auf sein bestes Stück.

Als dann die Nackte nah im kam,
wurde er ganz rot vor Scham,
doch diese schaut ihn nicht mal an,
jetzt war enttäuscht der nackte Mann.

Im Park

Auf einer Bank im dunklen Park,
da saß ein Pärchen, das war stark,
denn die knutschten wie besessen
und haben glatt die Welt vergessen.

Ich schlich mich an und wollte wissen,
was die so treiben noch beim Küssen
und was sie weiterhin gemacht,
ich sah nicht viel, es war ja Nacht.

Doch plötzlich war ich mir im Klaren,
dass es zwei junge Männer waren,
welche sich ganz ohne Scham,
wie ein Liebespaar benahm.

Drum werde ich mich jetzt beschränken
und lausche nimmermehr an Bänken,
denn wenn sich Männer innig küssen.
brauche ich das nicht zu wissen.

Die Tochter spielt Geige

»Meine Tochter, die spielt Geige«,
verkündet uns die Mutter stolz
und das Mädchen ist nicht feige,
denn sie strapaziert das Holz.

Sie ist begierig viel zu wissen,
übt deshalb täglich manche Stund',
wobei sie möglichst dienstbeflissen,
sich daran reibt die Finger wund.

Mutter ist dem Kind gewogen,
wenn es zart die Saiten streicht
und mit ihrem Geigenbogen
höchstes Spielniveau erreicht.

Geht einmal halt ein Ton daneben,
schaut die Mutter grimmig drein,
der Vater meint »so ist eben,
nicht jeder kann ein ›Garrett‹ sein«.

Deshalb muss die Tochter üben
und wiederholen jedes Stück,
Mutter fischt derweil im Trüben,
doch Musik ist ihr ganzes Glück.

Wochen später, gegen Abend,
gibt die Tochter ein Konzert,
ach das ist ja so erhabend,
Mutter schon vor Freude plärrt.

Ein Kleidchen wurde schnell erworben,
da war die Mutter sehr gescheit,
vor Stolz ist beinah' sie gestorben,
ihr Fleisch und Blut im neuen Kleid.

Die Tränen kullern durch die Falten,
als sich der Vorhang endlich hebt,
jetzt gibt es für sie kein Halten,
die Tochter geigt, die Mutter bebt.

»Welches Können mit zehn Jahren«,
meint die Mutter voller Glück
und sie war sich schnell im Klaren,
dass fehlerfrei sie spielt das Stück.

Doch, fast wie aus heit'rem Himmel,
entfuhr ein Ton dem Instrument,
welchen jeder im Getümmel,
als einen Fehler gleich erkennt.

Die Mutter kriegt vor Schreck die Starre,
weil das Töchterlein versagt,
am liebsten nähm sie eine Knarre
und hätt 'nen Kindermord gewagt.

Etwas später, nicht gelogen,
erhellt sich wieder Mutters Welt,
denn das Streichen mit dem Bogen,
dem Publikum doch sehr gefällt.

Als der letzte Ton verklungen,
weint die Mutter weltentrückt,
ist auf die Bühne hochgesprungen
und hat das Töchterlein gedrückt.

Die Jury, die mit fünf Personen,
streng am Richtertische saß,
konnte Mutter nicht mehr schonen,
denn Tochters Spiel war Mittelmaß.

So tut sich halt mal wieder zeigen,
man soll gar niemals übertreiben,
das Geigenspiel tat sie vergeigen,
drum muss sie auf dem Teppich bleiben.

Die Taube

Die wilde Taube kreist umher,
scheißt alles voll – was will man mehr,
so sieht man schon von weiter Ferne,
sie beschmutzen auch die Kirchen gerne.

Das ist sehr schlecht und auch nicht gut,
denn Petrus mit Guano-Hut
stört die Gläubigen im Glauben,
oh, ihr gottverdammten Tauben.

Urlaubsende

Herr Meier kam von großer Reise
in sein Heimatland zurück,
er flog zu einem Superpreise,
er sparte Geld, das war sein Glück.

In des Flugzeugs großer Enge
fühlte er sich doch bedrängt,
denn mit fast zwei Meter Länge
war er entsetzlich eingeengt.

So war er froh, als er gelandet,
denn seine Beine waren taub,
weil diese, unterm Sitz verkantet,
vermiesten ihm den Resturlaub.

Aus dem Staub wollt' er sich machen,
doch da gab's ja noch den Zoll,
außerdem sind seine Sachen
im Koffer drin – und der war voll.

Ehrlich währt am längsten

Jeden Tag zehn Müsli-Riegel
verhindern Freude vor dem Spiegel,
so kommt's halt wenn die Taille schwillt,
denn ehrlich ist das Spiegelbild.

Erschießen, erwürgen, erhängen?

Ein Ehemann ist, zugegeben,
<u>d e r</u> Reichtum in des Weibes Leben,
denn er ist klug in Schrift und Wort
und pflanzt sich leidenschaftlich fort.

Diesem Hobby tut er frönen,
wird deshalb seine Frau verwöhnen,
doch nach Jahren, unbestritten,
wird nur noch ab und zu geritten.

Diese Schwäche stört die Frauen,
daran haben sie zu kauen,
denn der Jüngling aus dem Märchen
kommt so langsam in die Jährchen.

Er nörgelt rum, nie Komplimente,
schuftet nur noch für die Rente
und im ehelichen Schlafgemach
liegt deshalb dauernd alles brach.

Um diesen Zustand zu beenden
muss der Gemahl ganz schnell verenden,
und was die Gattin anbetrifft,
sie träumt vom Tod durch Rattengift.

Die Freundin, die auch sehr gescheit,
wird in den Mordplan eingeweiht,
doch diese findet Gift zu hart
und schwärmt von anderer Todesart.

Die Ehefrau lässt sich bedrängen,
soll sie schießen, würgen, hängen?
Nach Überlegung ist es geil,
schneller Tod durchs Hackebeil!

Also, keine Zeit verlieren,
den Gatten muss man noch tranchieren
und die Stücke von Amts wegen
dann in die Tiefkühltruhe legen.

Kaum hat die Frau die Axt geschwungen,
hat mit dem Leben er gerungen,
und er hauchte noch »Warum«,
dann war sein kurzes Leben um.

Die liebe Freundin, wie gesehen,
war involviert in das Geschehen
und unterstützt das Unterfangen
mit Hoffnung, aber auch mit Bangen.

Beim Damentreff, dem obligaten,
erfahren alle von dem Schaden,
den der Gatte angerichtet,
weil er durch Flucht aufs Glück verzichtet.

Die Gattin jammert unter Tränen,
wer wird in Zukunft sie verwöhnen,
denn sie hat ja den Beweis,
ihre Liebe liegt auf Eis!

Im Aquarium

Im Bottich schwimmen Fischlein rum,
man nennt das Teil Aquarium,
und ist die Scheibe gut geputzt,
sieht man, welcher Fisch es nutzt.

Riesenkraken und Forellen,
Wale, Haie und Sardellen
gibt es nicht in diesem Becken,
die würden hier sehr schnell verrecken.

Zwischen Tang und zwei Amphoren
kurvt ein Fischlein ganz verloren
und sucht nach irgendeinem Fressen,
das seinem Hunger angemessen.

So dreht es mehrfach sich im Kreise,
ohne Hast und auch sehr leise
schwimmt es durchs Unterwasserland,
da sieht es eine Kinderhand.

Es ahnt Schlimmes, ihm wird kalt,
die Hand, die wird zur Faust geballt
und mit einem »Bum bum bum«
ist es mit der Idylle rum.

Die Faust schlägt kräftig an die Scheibe,
es erzittert seine Bleibe,
vor Angst es in die Hose macht,
das Kind, das hat vor Freud' gelacht.

Es schneit

Schnee liegt auf der Fensterbank,
das regt mich auf, das macht mich krank,
denn ich muss eine Schaufel kaufen,
um zu schaufeln einen Haufen.

Diesen sollte ich bis morgen
auch dann ordentlich entsorgen,
darum werd' ich diesen nach Belieben
schnell auf des Nachbars Grundstück schieben.

Gute Lage

Auf dem Friedhof steht ein Kreuz,
ich glaub, das Kreuz steht in der Schweiz,
denn der Tote sprach »wie schön,
ich kann von hier die Alpen seh'n.«

Kevin war allein zuhaus

Kevin war allein zu Haus,
das nutzte er auch weidlich aus,
drum lud er ein 'ne heiße Braut,
mit der er war noch kaum vertraut.

Er wollte diese Frau gewinnen,
war vor Liebe fast von Sinnen,
doch war er sich seines Stands bewusst
und musste zügeln seine Lust.

Er parlierte formvollendet
und hofft, dass sich das Blatt schnell wendet,
drum schenkt er von des Vaters Wein
der Auserwählten etwas ein.

Als Kavalier der besten Sorte,
wählt er sorgsam seine Worte,
ist außerdem noch sehr charmant,
er dies zumindest von sich fand.

Mimen wollt' er nicht den Starken
und seine Sammlung mit Briefmarken
führte er der Liebsten vor,
die nette Dame war ganz Ohr.

Er schwärmt von *Mozart* und von *Dante*,
welche seine Tante kannte
und bei Goethe und dem Schiller
meint er zu landen einen Knüller.

Er würde einen Handkuss wagen,
doch wie will er ihr das sagen,
so greift er halt zu seinem Trost,
zum Glas und sagt verlegen: »Prost«.

Als bei Einstein war der Gute
zog das Mädel eine Schnute,
denn sie verlor nun die Geduld
und daran war der Kevin schuld.

Ach hätte er doch etwas Mut,
(er meint, das tät der Dame gut)
und landet den finalen Schuss,
sonst nimmt die Frau den nächsten Bus.

»Zeig mir das Haus mit allen Räumen«,
meint sie und beginnt zu träumen,
doch dem Kevin fällt nix ein,
so kann man keine Dame frei'n.

Im Schlafzimmer zeigt er ihr die Daunen,
die Dame schnurrt, es gab ein Raunen
und sagt: »Nutz sofort das Schlafgemach
und lege mich jetzt endlich flach«.

Sehen wir die Story nüchtern,
gibt's nur den Rat, »sei nie zu schüchtern,
verzichte doch auf die Kultur,
denn mutige Taten zählen nur.«

Rosine und Rosinante

Rosine sprach zur Rosinante:
»Jetzt kurz vor dieser Weihnachtszeit
besuchen wir die liebe Tante,
die sich mit Sicherheit sehr freut.

Die Tante, die wir sehen wollen,
ist eines Sultans zehnte Frau,
sie wohnt in einem Weihnachtsstollen,
ja, das wissen wir genau.

Sie hat dem Islam sich verschrieben,
das war für Sultans Frau ja Pflicht,
doch christlich ist sie stets geblieben,
sonst gäb's den Weihnachtsstollen nicht.«

So lebt sie nun als Sultanine,
versteckt im Teig ganz jung und frisch
und wartet geduldig mit Rosine
auf den Verzehr am Weihnachtstisch.

Selbstverteidigung

Das Taschenmesser, das er warf,
ist sehr spitz und auch sehr scharf,
doch die Wirkung schnell verpufft,
er warf das Messer in die Luft.

Er wollte wirklich jemand treffen
(und zwar den Bruder seines Neffen),
weil dieser hat, oh welche Schand,
ihm die Freundin ausgespannt.

So wehrt sich im Familienkreise
jeder halt auf seine Weise,
so kriegt der Vater, Mama wollt's,
einen Schlag per Nudelholz.

Auch die Schwester darf sich wehren,
denn ihr Freund wollt' fremd verkehren
und Opa muss auch schmerzlich leiden,
denn die Oma lässt sich scheiden.

Kalt und heiß

Er aß ein Fruchteis in der Diele,
denn es war heiß und er braucht Kühle,
hätt' er gefroren – was sein Wunsch,
dann nähm er lieber einen Punsch.

Hänsel und Gretel

Hänsel und Gretel verirrten sich im Wald,
das weiß heute jeder, das ist wirklich alt,
denn einst die beiden Brüder Grimm
wussten das und das war schlimm.

Die Eltern waren arm, nicht reich,
führten die Kinder in den Wald sogleich,
wo sie bei Hirsch und Reh und Bär,
den Heimweg fanden nimmermehr.

Die Eltern würde man heut strafen,
denn nach irgendeinem Paragrafen
würden heute die verdammt,
es lebe hoch das Jugendamt.

Was nützt in dieser schlimmen Welt
dem Elternpaar das Kindergeld,
wenn sie dieses nur versaufen
und die Kinder dann weglaufen.

Die Hexe sollt' man auch betrachten,
sie ließ die Kinder übernachten
und ist deshalb nicht zu strafen,
wer darf im Knusperhaus schon schlafen?

Nun gut, der heiße Ofenbrand,
war für die Kinder nicht charmant,
denn der Flamme heiße Glut,
war für den Hänsel gar nicht gut.

Doch auch die Gretel tut mich schrecken,
denn die hat wirklich Dreck am Stecken,
sie schob die Hexe, was nicht fein,
vorsätzlich in den Ofen rein.

Die böse Jugend hat nun heute
keinen Respekt für alte Leute,
wer mordet schon ein altes Weib,
einfach nur zum Zeitvertreib?

Das Märchenbuch, das werf ich fort,
oh Hexenwald, du schlimmer Ort.

Logisch

Wer war zuerst da,
die Weißwurst oder die Schwarzwurst?

Eindeutig die Weißwurst, denn nur diese
konnte sich schwarz ärgern!

Musikalisch

Frau Meier wollt's den Nachbarn zeigen,
drum lernte sie die Kinder geigen,
welchen dieses zwar nicht passt,
denn Geigenspielen war verhasst.

Doch um des lieben Friedens willen
tut Geigenklang das Haus erfüllen,
und da die Nachbarin dies hört,
ist diese mehr nur als empört.

Frau Meier pocht auf ihren Rechten,
»man darf geigen – auch im Schlechten«,
das sagt sie zu der Nachbarsfrau,
ach, was ist Frau Meier schlau.

Doch das Schlimme kommt sogleich,
Frau Meier ist sehr kinderreich,
drum könnte man, sehr zum Entsetzen
der Nachbarn, auch Harfe und Fagott besetzen.

Vom Spiel der Gitarren und Klaviere
die Nachbarschaft auch bald erführe,
und wenn dann noch die Kinder singen,
die Nachbarn um ihr Leben ringen.

Doch Wilhelm Busch hat ganz charmant
das Problem schon längst erkannt.
Er meint:
»Musik wird störend oft empfunden.
dieweil sie mit Geräusch verbunden.«

Lohn der Arbeit

Der Gauner schweißte auf den Safe,
doch darin lag ein Aftershave,
dieses darf er nun besitzen
als Arbeitslohn fürs starke Schwitzen.

Zwei Vögel

Zwei Vögel, längst ein Ehepaar,
saßen auf dem Ast und lachten,
als ihre Sturm- und Drangzeit war,
weil sie ihrer Gattung alle Ehre machten.

Silvesterstimmung

Geht ein langes Jahr zu Ende
und man wartet auf die Wende,
dann ist es üblich – ohne Frage,
man feiert mit 'nem Sektgelage.

Dazu braucht man viele Gäste,
und es wäre auch das Beste,
wenn jeder für die heiße Nacht
ein Gastgeschenk hätt' mitgebracht.

So wird auch Alkohol erwartet,
bevor man in den Abend startet
und auch die Häppchen, sie zu essen,
sollte man keinesfalls vergessen.

Frauen, die die Küche lieben,
sollten außer ihren Trieben,
auch Salat und Weißbrot bringen,
sodass der Abend kann gelingen.

Ist dann die Gästeschar komplett,
denkt man natürlich nicht ans Bett,
denn eines, das ist wohl ganz klar,
man treibt es erst im neuen Jahr.

Den ersten Sekt, den tut man schlürfen,
weil manche etwas Stoff bedürfen,
um sich ganz langsam aufzulockern
(man sitzt auf Stühlen und auf Hockern).

Punkt Sieben, meinen alle Frauen,
muss man zum Fernseher dann schauen,
denn man sendet in schwarz-weiß,
»Dinner for one« – im Raum wird's leis.

Köstlich, wenn der Butler holpert
und über diesen Tiger stolpert
und weiterhin dann zum Gedenken,
den Gästen tut den Wein einschenken.

Miss Sophie, die dies streng beäugt,
ist absolutely überzeugt,
dass die Gäste sind vorhanden,
der Butler hat den Wink verstanden.

Die Sendung, die ist schnell zu Ende,
und nun reibt man sich die Hände,
weil im nahen Wintergarten
die mitgebrachten Häppchen warten.

Die Herren nehmen vorher nur
noch einen kleinen Whisky pur,
um die Stimmung aufzuheizen,
die Damen noch mit Reizen geizen.

Zwei Gäste, die sich noch nicht kennen,
werden sich beim Namen nennen
und trinken gern auf DU und DU
und der Gastgeber schaut zu.

Das Essen naht, der Hausfrau Blick
deutet an »ich esse nichts, ich bin zu dick«
und eine Gästin, ohne Mann,
sagt »ich schließe mich natürlich an«.

Nun, da der Abend sehr gefällt,
der Hausherr eine Rede hält
und seine Gäste informiert,
dass er etwas im Tanzbein spürt.

Unter Beifall, der gekommen,
wird der Vorschlag angenommen
und die illustre Gästeschar,
tanzt wild drauflos, das ist ganz klar.

Der Abend zieht sich in die Länge
und wünscht sich körperliche Enge,
denn er Alkohol, der wirkt,
das ist wahr und auch verbürgt.

Die Stunde naht, vor Mitternacht,
bereits der erste Böller kracht
und als auch die Raketen fliegen,
wird man sich in den Armen liegen.

Da, es rinnen die Sekunden,
vorbei die langen Wartestunden,
die Glocke hört man deutlich schlagen,
die Ersten nach dem Schampus fragen.

Pünktlich wird man den entkorken,
um anstoßen bis zum Morgen,
man gibt sich Küsschen auf die Wange,
nur zu Anfang, nicht sehr lange.

Man wünscht sich Glück und ohne Frage
weiterhin noch schöne Tage,
dann lässt man sich erotisch geh'n
und meint, »der Abend war doch schön«.

Ungeliebt

Der Inhalt eines Nachttopfs spricht:
»Ich weiß genau, man mag mich nicht,
denn ich gab ab ein schlimmes Bild,
schon als ich Windeln hab' gefüllt.«

O Tannenbaum

»Am Weihnachtsbaum die Lichter brennen«,
dieses Lied wird jeder kennen,
doch wenn der Baum in Flammen steht,
weiß keiner wie es weitergeht.

Man schreit sich an, ruft »mordio«,
die Stimmung, die hat kein Niveau,
denn ein Schuldiger muss her,
doch fehlen tut die Feuerwehr.

Die Äste sind schon abgefackelt
und der Christbaumständer wackelt,
weil die heiße Flammenglut,
dem Fichtenholz sehr schaden tut.

»Bringt doch endlich etwas Wasser,
damit der blöde Baum wird nasser«,
so brüllt der Vater in die Runde,
vergessen ist die Weihnachtsstunde.

Anstatt 'ner Stunde der Verheißung
gibt es harte Schuldzuweisung,
die Kinder können nicht mehr beten,
denn es beschuldigt jeder jeden.

Vereint gelingt es dann zu löschen
und saudumm schaut man aus der Wäschen,
denn die Geschenke, wie verzwackt,
sind nass und fast schon ausgepackt.

Die Mutter für den Vater hatte
die obligate Holzkrawatte
und das geschenkte Bügeleisen
kann Mutter auf den Sperrmüll schmeißen.

Die Kinder, die sind schlechter Laune,
man beachte dies und staune,
denn die Geschenke für die Kleinen,
waren eh ein Grund zum Weinen.

Das Geschehnis gibt zu denken,
man soll nur Kindern etwas schenken,
denn die machen die Herzen weit,
… oh du schöne Weihnachtszeit.

Unter der Dusche

Der Duschende war nicht allein,
denn seine Liebste seift ihn ein,
welche mit ihm hat gebadet,
was ihm nur gut tat und nicht schadet.

In der Kabine großer Enge
gab es dadurch ein Gedränge,
was ihm gar nicht peinlich war,
auch sie fand dieses wunderbar.

Zufriedenheit

Mit Sechzig ist das Leben schön,
man muss es positiv nur seh'n,
denn wer verzagt durchs Leben geht,
stets auf der falschen Seite steht.

Wer sich nichts gönnt, nie weint, nie lacht,
hat sich um jeden Spaß gebracht,
wer dann noch meint, er wär perfekt,
hat niemals ein Gefühl entdeckt.

Wer Reichtum will und Geld vermehrt,
der lebt im Stress, was auch verkehrt,
was nützt dem Mensch der Sachverstand,
fehlt ihm fürs Leben Gottes Hand.

Hast Wünsche du gleich deren drei
und eine Fee gäb sie dir frei,
dann wähle außer Glück und Freud'
auch unbedingt Zufriedenheit.

Sie ist der Schlüssel für dein Leben,
kann es etwas Bess'res geben?
Drum wähle klug – und wähl noch heut
als erstens die Zufriedenheit.

Nur wer zufrieden kann erkennen,
nicht das Hasten und das Rennen
sind das erstrebte Lebensziel.
Zufrieden sein, heißt unser Spiel,
denn dieses hilft einzig und allein,
ein Menschenkind im Glück zu sein.

Wahrsagerei

Man lässt sich oft in diesen Tagen
die Zukunft gern vorher sich sagen,
drum geht die Frau und auch der Mann
zu einer Dame, die das kann.

Man pilgert zum geheimen Orte,
klingelt kräftig an der Pforte,
um abzuladen seinen Kummer,
Sekunden später schrillt der Summer.

»Im fünften Stock bei Kassandra melden«,
die Knie, die zittern unser'm Helden,
als er die Türe kräftig drückt
und in die heile Welt entrückt.

Kassandra öffnet, tut begrüßen,
mit ihrer wundervollen süßen
Stimme, bittet sie den Gast nach innen,
um den Vorgang zu beginnen.

Bevor jedoch das Medium tagt
ist Vorauszahlung angesagt,
es könnt ja sein, wenn's nicht gefällt,
verweigert man das ganze Geld.

Nachdem das Pekuniäre stimmt
das Schicksal seinen Lauf nun nimmt
und vermittels ihrer Karten
kann das Experiment nun starten.

Gesundheit, Liebe und auch Glück
sieht die Frau mit einem Blick
und weissagt auf jene Weise,
die angepasst dem hohen Preise.

»Sie sind gesünder als ein Bock«
verkünden Karten des Tarock,
auf Liebe braucht man nicht zu warten,
weissagen ihre Zauberkarten.

Das Glück sei auch besonders hold,
Jupiter dem Mars nicht grollt
und auch der Aszendent gefällt,
das gibt Erwartung auf viel Geld.

Bei dem Befund und diesem Glück
geht auf die Straße man zurück
und die Nachbarin will wissen,
»hat Lieschen Müller sie beschissen?«

»Nicht Kassandra heißt die Dame,
das ist nur der Künstlername«
meint die Nachbarin und strahlt,
»Hauptsach' ist, man hat bezahlt«.

Weihnachtsromantik

Weihnacht, Fest der Kalorien,
am liebsten würd' man vor dir fliehen,
doch Mandel, Nüsse, Apfelkern
passen gut zum Fest des Herrn.

Um die Liebsten zu erstaunen
und zerstreuen ihre Launen,
hat die Mutter Tag und Nacht
Erstaunliches hervorgebracht.

Die Sterne aus gerieb'nem Zimt
jeder gern zur Brust sich nimmt
und Kokosplätzchen mit Oblaten
nur dem Hungerkünstler schaden.

Ein Früchtebrot und Dresdner Stollen
alle gerne naschen wollen,
doch wer stets schaut auf die Figur,
macht lieber eine Fastenkur.

Lebkuchen und Gebäck aus Butter
produziert die liebe Mutter,
damit der Gatte und die Kinder
überstehen diesen kalten Winter.

In einer Dose, ganz aus Blech,
schloss Mutter das Geback'ne wech,
damit, wenn kommt das Christuskind,
noch Plätzchen in der Schachtel sind.

Der Ort war niemandem bekannt,
wo die versteckte Schachtel stand,
doch hat es sich schnell herumgesprochen,
sie steht unterm Bett, schon eins, zwei Wochen.

Der Weihnachtsbaum steht in der Stube,
erwartungsvoll packt Mädchen, Bube,
die Geschenke hektisch aus,
Freude herrscht im ganzen Haus.

Drei Flaschen Wein, das ist nicht knapp,
runden diesen Abend ab,
und man holt nun das Gebäck,
was man gemacht zu diesem Zweck.

Die Mutter will die Schachtel holen,
sie fand sie nicht - war sie gestohlen?
und sie bemerkt - ich sag's vermessen:
»Das Naschwerk ist schon längst gefressen«.

Drum halte vor der Weihnachtszeit
Gebäck in Mengen stets bereit,
denn eindeutig v o r den Feiertagen
braucht man was Süßes halt im Magen.

Zweifel über Zweifel

Täglich kommen neue Zweifel,
wohn ich gerne in der Eifel
oder wäre ich ganz oben
im schönen Kiel gut aufgehoben?

Auf Rügen und im Bayernlande
wohnt jeweils eine liebe Tante
und am schönen langen Rheine,
… wohnt leider keine.

Den Bodensee würd' ich nicht hassen,
doch diese großen Wassermassen
schlagen gern mir aufs Gemüt,
demzufolge … Suizid!

Bin ich dann tot und werd' begraben,
möcht' ich einen Wunsch noch haben,
»verbuddelt mich in Königsfeld*,
so bin ich dann am Arsch der Welt.«

Die Koordinaten von Königsfeld
*48°8' N und 8°25' O

Zwiegespräch

Zeus, der sprach zur Gattin Hera
»Drachmen sind ja keine m e h r da.«
Hera: »Während ich ging alleine shoppen,
musstest du ja mit Athene poppen«.

Zeus, sehr zornig ob dem Witze,
schleudert grimmig seine Blitze
und traf die arme Frau am Bein,
so gefährlich kann das Shoppen sein.

Hera lässt sich nichts gefallen
und tritt ganz kräftig den Vasallen
mitten in den Hintern rein,
der tat das Fremdgeh'n schon bereu'n.

Selbst ein so mächt'ger Göttervater
sollte leben wie ein Pater,
was nützt das fremde Liebesspiel,
wenn die Gemahlin es nicht will.

Steinzeit

Gedichte, die die Welt nicht braucht

5. Buch

Steinzeit

Vor über zwei Millionen Jahren,
als wir noch Steinzeitjäger waren,
da schlug der Mann mit seiner Keule
dem Steinzeitweibchen eine Beule.

Das war natürlich nur zum Foppen,
so was kann man nicht mehr toppen,
denn in der Steinzeit war noch klar,
wer der Mann der Höhle war.

Heute muss derselbe kuschen,
darf nur noch leis' durchs Zimmer huschen,
vorbei ist jetzt sein ganzer Stolz,
die Frau, die schwingt das Nudelholz!

Einst war er ein Höhlenmaler,
der nordrheinische Neandertaler.
Großes schufen unsere Ahnen,
heut darf der Mann den Haushalt planen.

So verändern sich die Zeiten,
heute kann man trefflich streiten,
wenn das Haushaltsgeld nicht reicht
und die Frau den Urlaub streicht.

Oh Mann, was ist mit dir geschehen?
Das ist kaum mit anzusehen,
früher war der Mann ein Jäger,
heute weich wie'n Bettvorleger.

Der Zwiebelkuchen

»Ich bin ein schlechter Zwiebelkuchen,
bei mir muss man die Zwiebeln suchen«,
so meint der Ärmste aufgeregt,
»ich wurde halt sehr schlecht belegt«.

Im Musikhaus

Der Chef des Musikhauses bat
seine Tippse zum Diktat,
ein Firmenbrief, der war von Nöten,
es ging um den Verkauf von Flöten.

Das Mädchen denkt, »was mach ich hier,
ich sitze lieber am Klavier
und spiel eine Sonate,
nun kann ich nicht, und das ist schade.«

Das Sprachgenie

Er sprach gut Englisch und Latein,
das macht ihn stolz, das darf er sein
und sprachlich bei der China-Tour
macht er 'ne blendende Figur.

In Hocharabisch, bei den Scheichen,
kann keiner ihm das Wasser reichen,
während er auch nicht zuletzt
die Hieroglyphen übersetzt.

Soweit sei dieser Mann zu loben,
ja, geistig steht er sehr weit oben,
doch es verblasst der ganze Glanz
ob seiner starken Arroganz.

So gibt er zu, ganz frank und frei,
dass er sehr wohl der Klügste sei,
weil er bei Feiern und bei Festen
sein Französisch gibt zum Besten.

Außerdem, da spricht er Gälisch,
natürlich Hessisch und Westfälisch
und in der Schweiz, was das betrifft,
brilliert durch Sprache er und Schrift.

Wer sich so altklug meistens gibt,
macht sich natürlich unbeliebt,
so ist er sprachlich ein Genie,
doch findet rechte Worte nie.

Tischmanieren

Ein Essbesteck mit Gabel, Messer
braucht ein kultivierter Esser,
doch mit der Gabel, die von Nutzen,
kann man sich auch die Nägel putzen.

Sitzt man zu Tische - an der Tafel
und man vernimmt noch das Geschwafel,
dann sollte man sich auch nicht schämen,
blitzschnell des Nachbars Gabel nehmen.

Da dieser ist noch im Gespräche,
es doch den großen Vorteil bräche,
dass man mit der Gabel Zinken
sich säubert, bis die Nägel blinken.

Dann gilt es noch, das ist verwegen,
die Gabel schnell zurückzulegen,
und wenn man dieses Kunststück schafft,
ist es natürlich fabelhaft.

So ist der Nageldreck schnell weg
dank des Nachbars Essbesteck!

Tanzmariechen

Hoch den Rock und hoch das Bein,
ich will ein Tanzmariechen sein,
dann darf ich auf der Bühne schweben
und das Publikum wird beben.

Während meiner Pirouetten
löscht man sogar die Zigaretten,
weil viele sind derart ergriffen,
dass sie vor Freude kräftig pfiffen.

Doch werd' ich den Spagat bemühen,
schmerzt es mich in beiden Knien
und es knackt in den Gelenken,
das tut sehr weh, man kann's sich denken.

Männer

Zwei alte Männer trafen sich,
der eine sagt »ich grüße dich«
und der zweite Greis dann spricht:
»Ich bin zu schwach, ich grüße nicht.

Ich war bereits im Morgengrauen
als Liebhaber bei jungen Frauen,
dort erging es mir nicht schlecht,
darum bin ich sehr geschwächt.«

Dem ersten Greis, der ihn noch grüßte,
auch eine Maid die Zeit versüßte,
doch dieser hat nach zehn Sekunden,
ganz schnell seine Ruh' gefunden.

Der Schnösel

Ein Schnösel gab zu – unumwunden,
dass **e r** das Pulver hat erfunden,
und stehe über allen Dingen,
deshalb ihm vieles wird gelingen.

Er sei der Mittelpunkt der Erde,
er auch deren Herrscher werde,
er sieht das sehr entspannt und locker,
ja, er war ein echter Zocker.

Er, der alles sich zutraut,
hat unbewusst auf Sand gebaut,
weil nur ein festes Fundament
Standhaftigkeit auf Dauer kennt.

Dezemberglocken

Wenn im Dezember Glocken klingen,
die alle Leut' zum Jubeln bringen,
dann kommt die Zeit, die jeder kennt:
Es ist mit Sicherheit Advent.

Schulterschluss

Weil sie so schöne Schultern hat,
küsst er sehr gern ihr Schulterblatt,
und auch die Bäckchen sanft zu küssen,
möchte niemals er vermissen.

Bestimmt hat sie auch and' re Teile,
bei denen gerne er verweile,
doch er will den Anstand wahren,
darüber ist er sich im Klaren.

Auch an ihren roten Lippen
würde er sehr gerne nippen,
und auch ihr Mündchen - zart und fein,
lädt gerne zum Verweilen ein.

Im Wald

Im Walde, bei dem Hirsch und Reh'n,
da möcht' ich gern spazieren geh'n,
die Luft ist sauber und auch rein,
so kann es nur im Walde sein.

Doch kommt ein Trottel mir entgegen,
werd' ich mich blitzschnell fortbewegen,
denn auf die blöden Tratschgeschichten,
könnt' im Wald ich gern verzichten.

Doch tut der andere mich erkennen,
hilft es nicht, schnell fortzurennen,
ich warte halt und tu ihn grüßen,
doch dieses musst' ich leider büßen.

Er quatscht mich an - ich möchte schweigen,
doch ich kann es ihm nicht zeigen,
dass ich das Schweigen präferiere
und nicht gern ein Wort verliere.

Er sprudelt förmlich tausend Worte,
die von der allerdümmsten Sorte
prasseln leider auf mich nieder,
der Wald, der sieht mich nie mehr wieder.

Der Hafen

Im Hafen von Cardiff,
da liegt ein großes Schiff
und Schiffe sind hier sehr beliebt,
weil dort es einen Hafen gibt.

Gäb' es keinen, wär's viel schlimmer,
man bräuchte Wasser, heut und immer,
denn niemand hätte großen Bock
auf eine Jacht im Trockendock.

Endlich frei

Er war mit sich total zufrieden,
die Ehe wurde frisch geschieden,
der Richter, den die beiden kennen,
tut die Eheleute trennen.

Man hat sich jahrelang geschunden,
nun dauerte es nur zehn Sekunden,
bis man vom Übel ward entbunden,
dies hat zumindest man gefunden

Vorbei der Ehe schlimme Qualen
(er darf zwar für das Kind bezahlen),
was halt das Freisein wird einschränken,
doch daran will er heut' nicht denken.

Er jubelt und ist guter Dinge,
»endlich frei und ohne Ringe«,
sein Leben wird fortan famos,
denn er ist seine Gattin los.

Natürlich möchte er mitnichten,
auf eine zweite Frau verzichten,
denn er ist noch voller Triebe,
drum sehnt er sich nach neuer Liebe.

Drum hat er sich - das war bezweckt -
mit einer Jüngeren eingedeckt,
doch es vergeht im schnell das Lachen,
denn die Neue ist ein Drachen.

Sie wird einst Gift und Galle speien
und ihm keine Schuld verzeihen,
sie wird ihn klopfen bis er weich,
des Menschen Wille ist sein Himmelreich.

Der Angeber

Er war ein echter Möchtegern
und spielte oft den großen Herrn,
der mit Sprüchen sich umgibt,
drum war er meistens unbeliebt.

Die Frauen konnten ihn nicht leiden
und wollten deshalb ihn gern meiden,
denn er war total verblendet
und hiermit dieses Sprüchlein endet.

Schneeröschen

Schneewittchen zu Dornröschen sprach,
»komm mit in mein Schlafgemach,
und bist du dann in diesem drin,
dann freu dich, weil ich lesbisch bin.«

Die hässliche Prinzessin

Für des Königs Töchterlein
ist das Warten eine Pein,
denn ein Prinz ist nicht in Sicht,
obwohl der Vater es verspricht.

So saß sie in der Kemenate
und dachte, »ach das ist sehr schade,
weil ich in meinem Himmelbett,
sehr gerne einen Prinzen hätt.«

Deshalb sie zum König spricht:
»lieber Vater, so geht's nicht,
besorg mir endlich einen Knaben,
denn du willst ja Enkel haben.«

Der König grübelt und sinniert,
doch er weiß, dass nichts passiert,
weil kein Prinzlein kommt ins Haus,
denn die Tochter sieht beschissen aus.

Krumme Bein und Hakennase,
dazu eine Konfirmandenblase,
und eine wirklich blöde Schnute,
sind schlechte Ehe-Attribute.

»Ach mir geht es gar nicht gut,
weil sie ist mein Fleisch und Blut«,
meint der König voller Trauer,
doch er wurde auch nicht schlauer.

Drum tut ins Tagebuch er schreiben:
»Sie wird wohl ewig Jungfrau bleiben.«

Der Teddybär

Der Knabe rief: »Meinen Teddybär
geb ich nie im Leben her,
weil er mich schon lang begleitet
und jeder mich darum beneidet.«

Doch Mutter, als sie dies gehört,
war darüber sehr empört,
denn sie dachte frank und frei,
dass **s i e** des Knaben Liebste sei.

Der Vater, als er dies vernommen,
hat einen Lachanfall bekommen,
denn er schenkt gern die Gattin her,
für den alten Teddybär.

Märchen und Hygiene

Rapunzel, die aus jenem Märchen,
sitzt in dem Turm seit vielen Jährchen,
drum sollte sie uns überraschen
und endlich mal die Haare waschen.

*

Frau Holles Kissen furchtbar stinkt,
weil sie es nie zum Waschen bringt,
sie sollte es als Hausfrau wissen,
weißer Schnee auf weißem Kissen

*

Zwerg Nase, Koch von Königs Gnaden,
sollte endlich wieder baden,
denn in der riesengroßen Küche
sind fehl am Platz die Schweißgerüche.

*

Der gute, alte Rübezahl,
stinkt und duftet wie ein Aal,
denn der tut innerlich verrotten
in seinen dreckigen Klamotten.

*

Schneeweißchen und auch Rosenroten
muffeln beide ganz verboten,
und das ist ekelig und schlimm,
das ahnten nicht die Brüder Grimm.

*

Dornröschen schläft seit hundert Jahren,
doch sie tat mit Seife sparen,
drum riecht sie streng - man kann's sich denken,
kein Prinz würd' Liebe ihr gern schenken.

*

Des Aschenputtels Lebenszweck,
war stets zu wühlen in dem Dreck,
denn das Stiefmütterchen tat grinsen,
als sie sortierte Käferlinsen.

Doch der Sohn vom Königsschlosse
erlöste sie ganz hoch zu Rosse
und nahm sie mit - der edle Mann,
damit sie endlich duschen kann.

*

Rotkäppchen stolzte durch den Wald,
sie ging zur Oma, welche alt,
der Wolf hätt' auch sie gern gefressen,
doch sie roch nicht angemessen.

*

Die Königin, die von Schneewittchen,
war ein bitterböses Flittchen,
sie badet nie - sie ist ein Schwein,
stinkt schlimmer als das Töchterlein.

»Spieglein, Spieglein an der Wand,
ich stinke arg, das ist 'ne Schand,
doch das eine freut mich sehr,
das Schneewittchen stinkt noch mehr.«

Die Zwerge haben dies gerochen,
weil Schneewittchen stank seit Wochen
und taten aus dem Häuschen fliehen,
doch sie haben ihr verziehen.
*
Hänsel, Gretel, diese Luschen,
sich niemals mit der Seife wuschen
und stanken deshalb wirklich schlimm,
mehr noch als die Brüder Grimm.

Besonders Hänsel, dieser Lümmel,
roch gotterbärmlich bis zum Himmel,
und da die Hexe stank noch mehr,
reizt sie der Hänsel zum Verzehr.
*
Der gute König Drosselbart
stank nach Schweiß und das war hart,
denn der furchtbare Geruch
hat keinen Platz im Märchenbuch.
*

Die sieben Geißlein, samt der Mutter,
rochen streng nach Schweinefutter,
drum hat der Wolf, außer dem Jungen,
alle unzerkaut verschlungen.

Der Zweifler

Ach, was tat er sie verehren,
nun tut sie ihm den Rücken kehren,
er war ganz wild und außer sich,
»warum nimmt sie nicht mehr mich?

Was habe ich denn nur verbrochen«,
hat zu sich selber er gesprochen.
»Ich war genau der rechte Mann,
den eine Frau heut brauchen kann.«

Während er sinniert und grübelt,
hat er ein Regal gedübelt
und denkt: »ich bin ein armes Schwein,
so jung und schon so ganz allein.«

Makaber

In einer Urne, einer grauen,
liegt die Asche meiner Frauen,
denen ich nach ihrem Tod
in dem Behälter Heimat bot.

Der wurde - und das mit Bedacht,
aus allerfeinstem Glas gemacht
und weil die Zwei im Glashaus sitzen,
sollen sie mir auch noch nützen.

So dürfen sie nun in den Urnen
am frühen Morgen etwas turnen,
das ist nicht gegen die Natur,
ich brauch sie nur als Eieruhr.

Doch ich schone ja die Guten,
sie sind erlöst nach drei Minuten,
drum rieselt ihre Asche gleich,
nur solang, bis die Eier weich.

Mindestlohn

Was Männer verdienen in acht Stunden,
bekommt ein Sportler in Sekunden,
das ist nicht fair, doch eins ist klar:
weil er höher, schneller, weiter war.

Gefühle eines Hengstes

Der alte Hengst hob seine Brauen,
um sich nach Stuten umzuschauen,
doch was er sah, war kaum zu fassen,
ach hätt' er's lieber bleiben lassen.

Zwei Stuten, die beim Felde grasen,
rümpften arrogant die Nasen,
denn der Hengst missfiel den beiden,
denn sein Anblick war besch...eiden.

Die Mähne trug er nicht gestriegelt,
hat man etwa ihn verprügelt?
Die Stuten fragten, ob und wann,
er überhaupt uns decken kann?

Der Hengst, der spürt der Stuten Zweifel
und wünscht die beiden sich zum Teufel,
und denkt bei sich, ich bleib ganz cool,
ich war ja eh schon immer schwul.

Entlassen

Die Hüte fliegen - welches Glück,
der Mann kommt aus dem Knast zurück,
weil er hat vor vielen Tagen
seine Ehefrau erschlagen.

Und zwar hat dieser seiner Alten
den Schädel bis zum Arsch gespalten,
weil sie hatte in betrogen
und dazu noch angelogen.

Anhand des Beils aus bestem Eisen,
konnt' der Richter es beweisen,
dass dieser Mann - das war ihm klar,
in der Tat der Mörder war.

Doch die Justiz ließ auf sein Flehen,
Gnade hier vor Recht ergehen,
das Strafmaß wurde abgemildert,
weil die Frau herum gewildert.

Der Richter hat den Mann bedauert,
der im Gefängnis nun versauert,
denn auch in seinem Eheleben,
würd' **er** sehr gern das Beil erheben.

Während er lebt nach Paragrafen,
will seine Gattin auswärts schlafen,
so ist auch brävsten Richterfrauen
auf Dauer einfach nicht zu trauen.

Alles Käse

Im schönen Allgäu sitz ich hier
und esse fetten Käse,
doch viel gesünder ging es mir,
wenn ich ihn nicht äße.

»Ein Früchtejoghurt für den Magen
sei besser als das ganze Fett«,
hört man seinen Hausarzt sagen,
doch dieser Mann ist ja nicht nett.

Er gönnt uns nicht die kleinsten Freuden,
er warnt und mahnt uns alle Zeit,
er lässt uns wie ein Hündchen leiden,
bis in alle Ewigkeit.

Am Mäander

Es saß am Fluss, nah dem Mäander,
ein kleiner Dieb, ein stadtbekannter,
der sich in Sicherheit erst wiegt,
wenn auch **e r** die Kurve kriegt.

Verschwendung in Limburg

Ein Bischof, der sich Gott verschrieben,
hat man vom Bischofsstuhl vertrieben,
weil er mit Geld herum geprotzt
und stets der Mehrheitsmeinung trotzt.

Man wollte ihn vom Dom vertreiben,
doch er möchte lieber bleiben,
denn sein Luxus für Millionen
sollte sich auf Dauer lohnen

Nur das Beste wollt' er haben
und da Gläubige ihm die Euros gaben,
lebt er ganz gut in seiner Welt
und wirft herum mit fremdem Geld.

Er baute auch vom Kirchengeld
sich eine wunderbare Welt,
während heut Millionen hungern,
muss er im teuren Bad rumlungern.

Wer so verprasst die Kirchensteuer,
gehört nicht nur ins Fegefeuer,
nein, der Teufel soll ihn holen
und brutzeln auf ganz heißen Kohlen.

Scheinheilig stets auf seinen Wegen
verteilt der Bischof seinen Segen,
schreit »Halleluja« und tut lügen,
dass sich die Kirchentürme biegen.

Da wird gesammelt in den Messen
für arme Leute und fürs Essen,
vor dem lieben Gott sind alle gleich,
es lebe hoch das Himmelreich!

Der Weitspringer

Den ersten Platz hat er errungen,
denn er ist sehr weit gesprungen,
drum hängt man ihm die Goldmedaille
um seine spindeldürre Taille.

Es erklingen die Fanfaren,
es jubeln ganze Völkerscharen,
als man tut die Fahne hissen,
doch den Sportler plagt's Gewissen.

Wird man jeweils noch entdecken,
dass im half zu seinen Zwecken,
ein Mädchen, das ihm stand sehr nah,
sie nennt sich »Anna Bolika«.

Der Braten

Wenn in den Oktobertagen
die Jäger fertig sind mit Jagen,
dann ist es nie zu unserem Schaden,
denn es winkt der Wildschweinbraten.

Auf den Tellern in den Kneipen
liegt wildes Fleisch, nicht zu beschreiben,
zu einem Preis, kaum angemessen,
fast zu teuer, ums zu essen.

Sticht man dann rein, ganz probeweise,
wird der Esser still und leise,
doch plötzlich tönt ein wilder Schrei,
die Gabel steckt in dem Geweih.

Da hilft kein Rütteln und kein Schaben,
denn zäh wie Leder sind die Gaben,
sodass das Messer beinah' bricht
und man verflucht das Leibgericht.

Man ruft den Wirt, der dies verbrochen
und schreit ihn an, »er kann nicht kochen«,
drum tut der Mann sich sehr entrüsten,
als ob die Gäste dieses wüssten.

Es hilft kein Wehen und auch Klagen,
es kommt kein Bissen in den Magen,
denn trotz der bitteren Beschwerden,
wird das Fleisch nicht weicher werden.

Man einigt sich zu Kompromissen
und der Gastwirt, der lässt wissen,
dass er sich ließ vom Gast erweichen,
will als Ersatz 'nen Mocca reichen.

Kommt dann die Rechnung auf den Teller,
wird die Miene auch nicht heller
und die bleibt finster viele Wochen
zwei mal zehn Euro für 'nen Knochen.

Mathematik

Zehn Reiter kamen daher geritten,
vier von ihnen sind beschnitten,
deshalb Adam Ries verspricht,
»sechs von ihnen sind es nicht!«.

Fotografieren macht Spaß

Der hübsche Knabe beim Christbaum steht
und schielt auf das Geschenkpaket,
welches das Christkind tut gleich bringen,
doch zuerst, da muss er singen.

Nachdem das Jodeln ist verklungen,
ist er zum Christbaum hin gesprungen
und ergreift mit aller Macht,
das Päckchen, das ihm zugedacht.

Das ging recht fix und eins, zwei, vier,
entfernt er das Geschenkpapier,
welches das Paket umhüllte,
das Christkind seinen Traum erfüllte!

Ein Fotohandy, wie wir es kennen,
darf er nun sein Eigen nennen,
das schon längst sein Wunschtraum war,
er lebt immerhin im fünften Jahr.

Den Papa küsst der liebe Knabe
für diese wunderbare Gabe,
auch Mütterchen darf profitieren,
ja, ihr Kind, das hat Manieren.

Schön, wenn läuten Weihnachtsglocken,
Vater kriegt heut' Schlips und Socken,
während der Mutter zur Heiligen Nacht
ein Aftershave viel Freude macht!

Das liebe Kind ist hell begeistert,
»und wie er schon sein Handy meistert«,
meint Mutter und ist fast gestorben,
ein kluges Kind, der Detlev-Thorben.

Vorbei sind nun die Feiertage,
Routine wird des Alltags Plage,
doch Detlev-Thorben unumwunden
will immer noch die Welt erkunden.

Da er hat keinem was zu sagen,
macht er nur »klick« an allen Tagen
und belichtet alles prompt,
was ihm vor die Linse kommt.

Eines Tag's zur frühen Stunde,
macht Thorben wieder seine Runde,
er rennt durchs Haus, er kommt ins Schwitzen,
vor lauter Klicks und Fotoblitzen.

Urplötzlich hat es dann geläutet,
weil hat Besuch sich angedeutet,
der Papa schnell zur Haustür findet,
»es ist die Post«, hat er verkündet.

Das liebe Söhnchen kann's nicht lassen,
das Fotohandy anzufassen,
schleicht hinterher auf leisen Sohlen,
um sich ein Motiv zu holen.

Was sich dann bot dem Fotografen,
ließ ihn lange nicht mehr schlafen,
denn Vater knutscht, hormonbedingt,
die Frau, die ihm die Briefe bringt.

Als dieses Foto war gelungen,
sind »Post« und Papa aufgesprungen,
und eh der kleine Bub es schnallte,
Väterchen die Tür zuknallte.

Nach diesen kleinen Servicepannen
fuhr das »Posthorn« schnell von dannen
und Thorben meint mit finst'rer Miene,
»das war die Mama von Sabine«.

Als Mutter kam zum Mittagessen,
war der Spuk noch nicht vergessen,
denn der Mama sagt's der Thorben,
hat somit Papas Tag verdorben.

Leinwandknistern

Im Kino sitzt ein Ehepaar
und dachte wie es früher war,
als sie anstatt den Film zu sehen,
sich schmachtend zueinander drehen.

Sie taten sich ganz heftig küssen,
weil Liebespaare dieses müssen,
denn man war jung und furchtbar lüstern,
man spürte förmlich jedes Knistern.

Man war ein Traumpaar erster Güte,
heut knistert nur die Popcorntüte.

Fazit einer Gurke

Die Essiggurke schwimmt im Glas
schon viele, viele Runden,
es macht ihr langsam keinen Spaß,
denn das geht jetzt schon Stunden.

Sie hat kein Ziel, dreht sich im Kreise,
doch wurde sie bald schlauer,
und meint »wenn das so weiter geht,
dann werd' ich richtig sauer«.

Das zweite Gesicht

Paulchen besucht die liebe Tante,
die wohnet auf dem flachen Lande,
denn dort, bei Ziegen und bei Pferden,
ist es der schönste Platz auf Erden.

Der Bub, der lange sich d'rauf freute,
war das Kind steinreicher Leute,
drum war das Tantchen stets bedacht,
dass er Ferien bei ihr macht.

Natürlich war klar abgesprochen,
dass der Junge bleibt zwei Wochen.
Um sich dort recht wohl zu fühlen,
darf er mit Ochs und Esel spielen.

Er darf auch auf dem Pony reiten,
das mochte er besonders leiden
und er füttert Hahn und Schweine,
denn die Tante füttert keine.

Als sie mit Füttern fertig waren,
kommt ein Auto hergefahren,
dem ist eine Frau entstiegen,
bei der tat er das Fürchten kriegen.

Paul klammert sich an Tantes Hände,
damit er von dort Hilfe fände,
denn Panik kriegt das Bübelein,
»wie kann ein Mensch so hässlich sein?«

Das Paulchen kommt vor Zorn in Rage,
»hat die 'ne hässliche Visage«,
doch der Gedanke kam ihm nah,
dass das Gesicht er schon mal sah.

Darauf die Tante er befragte,
die resignierend zu ihm sagte:
»Paul, du bist mein Allerbester,
das ist doch meine Zwillingsschwester!«

Rechtfertigung

Die Schwalbe sprach zu ihrem Schwalb:
»Du fliegst so träge wie ein Kalb,
schau dir an des Adlers Schwingen,
mit denen wird der Flug gelingen.«

Der Schwälberich, der fliegt so träge,
meint: »Du hättest niemals ein Gelege,
wär ich nicht flink in anderen Dingen,
die Freude und auch Nachwuchs bringen.«

Der Fan

Der Fan, der konnt' es kaum erwarten,
fürs Open Air gab's Eintrittskarten,
welche er zum hohen Preise
gekauft hat auf reelle Weise.

Als der Tag dann war gekommen,
hat er sein treues Weib genommen,
um sich bei Musik zu vergnügen
und auf der Wiese rumzuliegen.

Kurz vor Beginn der großen Sause
macht die Sonne eine Pause,
und es schüttet wie aus Kübeln,
der Spaß war hin - wer will's verübeln?

Anstatt sich auf den Lärm zu freuen,
tat man den Besuch bereuen,
wär man doch zu Haus geblieben,
könnt' man 'ne ruhige Kugel schieben.

Und sie dreht sich doch ...

Man behauptet frank und frei,
dass die Erde eine Scheibe sei.
Doch Kopernikus, was nicht verkehrt,
hat uns eines Besseren belehrt.

Auch Galilei galt als Schwätzer,
war für die Kirche nur ein Ketzer
und dieselbe tat verfügen,
dass er widerruft die Lügen.

Er hat behauptet, das war neu,
dass nicht der Mittelpunkt die Erde sei,
sondern konnte es beweisen,
dass wir um die Sonne kreisen.

Der Papst hat ihn zu sich geordert
und dabei vehement gefordert,
dass er der These widerspricht,
er macht es zwar, doch glaubt es nicht.

Galilei hat dann abgeschworen,
doch Päpstlein traut nicht seinen Ohren,
als Galilei flüstert trotzig noch:
»und die Erde dreht sich doch!«

Heute, Gestern, Morgen

Die Vögel zwitschern in den Nestern,
ich glaub's war gestern,
oder zwitschern sie erst in drei Tagen,
dann hätt' die Gabe ich es vorherzusagen.

Die Zehn Gebote

Moses am Berg Sinai
war gespannt, so wie noch nie,
denn der Schöpfer dieser Welt
hat ihn zum Berge einbestellt.

Er wollte ihm zwei Tafeln geben
für ein wahrlich besser Leben,
mit Richtlinien für jeden Tag,
die reduzier'n die Sündenplag'.

Es sind genau zehn Paragrafen,
die den Moses selbst betrafen,
denn auch dieser war ein Sünder,
hat mit fünf Frauen dreizehn Kinder.

Er muss sich jetzt am Riemen reißen
und es der ganzen Welt beweisen,
dass er zur Keuschheit sich entschlossen,
doch das hat er kaum genossen.

Er fand es richtig blöd und fies,
viel besser war's im Paradies,
denn Adam brauchte sich nicht quälen,
er hatte keine Chance zu wählen.

Nur Eva war für ihn geschaffen,
nur diese durfte er begaffen,
deshalb galt für ihn die Treue,
es gab kaum Hoffnung auf 'ne Neue.

Und dieses Unglück dauert lange,
bis vom Apfelbaum die Schlange
sprach zur Eva: »Mach dein Glück,
gib Adam jetzt ein Apfelstück.«

Derselbe aß mit großer Wonne,
doch es verfinstert sich die Sonne,
weil der Herr hat sie vertrieben,
ach wären sie nur dort geblieben.

Dann gäb es nicht die Paragrafen
(jeder könnt' mit jeder schlafen),
und es gäb' kein schlecht Gewissen,
das macht sehr traurig, wie wir wissen.

So könnten wir seit tausend Jahren
die Zehn Gebote uns ersparen
und keine Sünde würd' uns reuen,
wenn wir uns am Weib erfreuen.

Das Plagiat der Made

Das Gedicht der kleinen Made
stammt von Heinz Erhardt, das ist schade,
denn ich hätt' es gern aufgeschrieben,
um zu erfreuen meine Lieben.

So wird mir wohl nichts übrig bleiben,
ich müsste neu das Epos schreiben,
denn auch im Schwarzwald hier in Baden,
gibt es Bäume mit viel Maden.

Doch ihr Leut', was schreib ich bloß?,
meine Made, ist ja kinderlos,
drum schreib ich nichts über den Spaß,
wie Erhardts Specht den Nachwuchs fraß.

Übrigens, sie ist auch ledig,
hatte keinen Nachwuchs nötig,
drum tat ihr niemand den Gefallen,
als Maderich vom Blatt zu fallen.

Demnach sprach auch keiner, »hol mir ein Blättchen von dem Kohl,
denn ich fress nicht jeden Dreck,
bin lieber Made im Schwarzwald-Speck.«

Drum kann ich nichts zur Made schreiben
und lass es deshalb lieber bleiben,
doch schreitet Jungfer Made zum Altare,
dann schreib ich's auf - selbst auf der Bahre.

Höchstens schreib ich aus der Fantasie,
über die »Made in Germany«.

(Zum besseren Verständnis wäre es opportun,
sich den Originaltext von Heinz Erhardt, »Die Made«, zu besorgen.)

Der Zitherspieler

Ich zittere vor dem »Dritten Mann«,
ob der wohl Zither spielen kann?
Man weiß, er hat die Zither nicht gerupft,
nein, Anton Karas hat gezupft.

Ganz Gallien, außer ...

Gegen Aster- und auch Obelix
sind die deutschen Helden nix,
denn kein Zaubertrank stand parat
beim Teutates, das war schad.

Während Siegfried und auch Hagen
in deutschen Wäldern Kaninchen jagen,
da fängt der Obelix galant
zehn Wildschweinbraten mit der Hand.

Als Siegfried prahlt als Drachentöter
spielt Asterix mit seinem Köter,
so, als wär das alles nix,
hoch lebe Bluthund Idefix!

Zu dieser Zeit, da stieß der Hagen
seinen Speer in Siegfrieds Magen
(es war in Wirklichkeit der Rücken,
doch damit wird der Vers nicht glücken.)

Während in den Nibelungen
manches Loblied wird gesungen,
da wird in Gallien ungezügelt,
eine römische Legion verprügelt.

Zum Dank für diesen Kampf, den harten,
holt man sich Troubadix den Barden,
der auf der Harfe sich begleitet,
bis man zur Verhaftung schreitet.

Er wird gefesselt und geknebelt,
während Hagen ganz vernebelt
seine Untat will bereuen,
doch Kriemhild will ihm nicht verzeihen.

Das Gallische Dorf, das feiert Siege,
hat die Schnauze voll vom Kriege,
während man im Germanierland
stets streitet, und das ist bekannt.

Der Snob

Der Suppenlöffel löffelt Suppe,
alles andere ist ihm Schnuppe,
er könnte doch mal ein Stück Braten
auf seine Löffelmulde laden.

Auch ein Stück Kuchen wär passabel,
doch dieses übernimmt die Gabel,
und es kommt sogar noch besser,
das Grobe schneidet stets das Messer.

Darum war niemals zu vermeiden,
dass es funkte bei den beiden
und daraus wurde, das war klar,
ein regelrechtes Liebespaar.

Die Gabel stupft, das Messer schneidet,
der Löffel sie darum beneidet,
doch deshalb kriegt er keinen Dämpfer,
er ist und bleibt ein Einzelkämpfer.

Drum ist der Löffel einfach König,
er ist sehr klug und schafft sehr wenig,
doch es freut ihn, wenn zwei Lippen
an brühend heißer Suppe nippen.

Die Gabel heult zum Steinerweichen,
sie kann ihm nicht das Wasser reichen,
denn zwischen ihren spitzen Zinken
würde Flüssiges sofort versinken.

Und auch das Messer, ohne Frage,
ist niemals hierzu in der Lage,
so tut auch dieses resignieren,
kann niemals Suppe transportieren.

Der Löffel, weiblich fast gerundet,
damit dem Gast die Suppe mundet,
weiß, dass bei jeglichen Gerichten,
niemand kann auf ihn verzichten.

Der Nussknacker

Auf des Eichentisches Mitte
stand nach alter Väter Sitte
eine Schale voller Nüsse,
die man doch bitte essen müsse.

Ein fremder Gast mit leerem Magen
ließ sich das nicht zweimal sagen,
und griff danach ohne zu fragen,
so viele wie er konnte tragen.

Als die Nüsse vor ihm lagen,
begann er fürchterlich zu klagen,
denn die Schalen mit dem Hammer schlagen,
getraute er sich nicht zu wagen.

Dem Gastgeber, dem platzt der Kragen
und meint, er soll doch nicht verzagen
und sich nicht mehr weiter plagen
und neu probieren in drei Tagen.

Die gute Wahl

Der Sohn, im allerbesten Alter,
sagt: »mein lieber Vater Walter,
ich stelle dir die Freundin vor«
(und der Vater war ganz Ohr).

Mit strengem Blicke, kalt wie Stahl,
prüft er sogleich des Sohnes Wahl
und denkt, so allein für sich:
»die wär' doch auch etwas für mich.«

Der Vater prüft, und prüft und schaut,
ob auch das Mädchen gut gebaut
und kam letztendlich zu dem Schluss,
»sie Schwiegertochter werden muss«.

Nachdem die Prüfung stattgefunden,
hat Vater sich zum Schrank geschunden,
um von dort, zu aller Wohle,
zum Umtrunk ein Likörchen hole.

Er hob galant das Glas empor,
und stellte sich als »Walter« vor,
und so erfuhr er nebenbei,
dass sie die »Therese« sei.

Eine zweites Schlückchen auf die Dame
erhöht die Alkoholaufnahme,
der Sohn blieb jedoch etwas schüchtern,
Kunststück, denn er war noch nüchtern.

Der Walter nahm noch manchen Schluck
und auch Therese macht »gluck, gluck«,
sodass die beiden schließlich fanden,
sie könnten in der Koje landen.

Dem Sohne ward es nicht geheuer,
denn seine Liebste war ihm teuer
und wollte sie nicht so verschwenden,
zum Wohle seines Vaters Lenden.

Die Flasche wurde sichtlich leer
und Walter meint, »ich hol noch mehr«,
doch der Sohn hat abgewunken,
anscheinend hat es ihm gestunken.

Des Sohnes Mutter, Walters Frau,
überwachte alles ganz genau
und sagt zum Sohn »nimm es nicht schwer,
mein Gatte, bringt ja eh nichts mehr«.

Getrennt lebend

Die Freundin wohnt in Wolgograd
und das ist schad',
wohnte sie im schönen Buchen,
dann könnte er sie ja besuchen!

Wohnt sie sogar im Sauerland,
er dies bestimmt viel besser fand,
und ist sie gar in Ulm daheim,
ging öfters er ihr auf den Leim.

Lebt sie allein in Mexico,
denkt er an ihren Sexy-Po,
drum wünscht er sie nach Dresden,
um sie dort ganz brav zu trösten.

Und haust sie nur in Meppen,
gehört er zu den Deppen,
weil täglich er sie müsst' verwöhnen,
obwohl sie zählt nicht zu den Schönen!

Späte Erkenntnis

Er ging nicht gern zu den Soldaten,
»das könne ihm doch niemals schaden«,
meint die Mutter voller Güte,
»mein Bubi steht in voller Blüte«.

Sie konnt' es einfach nicht verhehlen
und muss dem Sohn den Krieg befehlen
und hätte Vater man gefragt,
hätt' der natürlich »Ja« gesagt.

Die Mutter tat schon spekulieren,
man wird ihr Söhnchen dekorieren
und ihn mit Orden übersähen,
schön ist's, in den Krieg zu gehen!

Doch schleppt man Söhnchens Bahre an,
flucht Mutter auf Afghanistan
und schimpft auf Orden und Ehrenzeichen,
auch wenn sie ihm zum Ruhme reichen.

In der Küche

Die Küchenmagd das Rebhuhn rupft,
während der Koch die Harfe zupft.
War deshalb nicht der Harfenklang
des Rebhuhnes Grabgesang?

Sekretärinnen-Report

Der Firmenchef des Hauses bat
seine Tippse zum Diktat,
diese ließ sich nicht lang bitten
und nähert sich großen Schritten.

Auf Wunsch hat sie dann Platz genommen
und harrt der Dinge, die da kommen,
und hielt den Stenoblock bereit,
der Chef diktiert, es war soweit!

Geschliffen konnt' er formulieren
(die Tippse tat vor Ehrfurcht frieren),
weil sie wusste, dass der Mann,
nicht nur gut diktieren kann.

Die Tippse trug wie stets, was Schickes,
doch würdigte er sie keines Blickes,
obwohl die beiden schon oft waren
bei diversen Seminaren.

Das Röckchen war leicht hochgezogen,
damit der Boss ihr wird gewogen,
doch dieser war mit sich beschäftigt,
was seinen Eheschwur bekräftigt.

Natürlich war sie nicht begeistert,
wie der Chef die Lage meistert,
denn sie tat sich mehr erhoffen
und war deshalb auch sehr betroffen.

Er widmet sich nur dem Diktate
und das war für die Tippse schade,
denn sie dachte, »nach der Arbeit hier
gehen wir noch kurz zu mir«.

Der Boss war gar nicht solidarisch
und er meint nur lapidarisch,
»machen sie mir zehn Kopien«,
zornig tat sie aus seinem Büro fliehen.

Weil alles einmal enden muss,
mache ich jetzt hiermit Schluss
und beende diese Reihe,
man mir so manchen Spruch verzeihe.

Nie mehr werde ich was dichten
und Schreckliches euch gar berichten,
doch bleibt mir weiterhin gewogen,
die meisten Sprüche sind gelogen.

Ist eure Stimmung nicht am besten,
könnt eu'ren Humor ihr testen
indem ihr schaut ins Büchlein rein,
in diesem Sinn' Ihr *Dieter Stein*.

Steinreich

Gedichte, die die Welt nicht braucht

6. Buch

Der Arme

Was bin ich für ein armes Schwein,
ich hab kein Geld in Liechtenstein,
geschweige denn in Österreich,
denn ich bin nun mal kein Scheich.

In Luxemburg was auf der Kante,
hat Paula, meine liebe Tante
und Onkel Karl, der sprüht vor Geiz,
hat schwarzes „Kleingeld" in der Schweiz.

Der Onkel ist mir sehr gewogen,
doch da er Steuern hinterzogen,
möcht' ich vom Onkel nicht viel wissen,
denn mich plagt mein zart Gewissen.

So werde ich in späten Tagen
diese Erbschaft wohl ausschlagen,
die sich sicherlich mir böte,
ich bleib halt ehrlich - ich bin blöde!

Der Bettler

Hinter'm Dom, auf kalten Stufen,
hört man Bettler klagend rufen,
sie seien von der Welt verlassen,
es klappern Becher und auch Tassen.

So heulen sie zum Steinerweichen
und schauen traurig zu den Reichen,
sodass ein jeder Mitleid spürt
und gern die Hand zur Börse führt.

»Fünf Euro wären angemessen,
fürs Trinken und für warmes Essen«,
meint der Spender innerlich
und sein Herz, das öffnet sich.

Er fühlt sich glücklich und befreit,
denn er verhindert Not und Leid
und sieht den Bettler freudig grinsen:
»Ein Würstchen kauf ich mir mit Linsen.«

Der Spender hat ein rein' Gewissen,
doch wie wir aus Erfahrung wissen,
ruft der arme Bettlersmann
mittels Handy den Kollegen an.

Er schwärmt ihm vor:

»Ich kann nicht klagen,
die letzte Rate für den Wagen
kann ich heute überweisen,
es lohnt sich, Leute zu bescheißen.«

Der Blinde

Der blinde Mann schleppt sich zum Tresen,
ein Fräulein grüßt - »wer ist's gewesen?«,
grübelt gleich der junge Mann,
der leider sie nicht sehen kann.

Er kam ihr nah, und dann sein Spruch:
»Ich erkenne sie am Mundgeruch«
und es fiel ihm wieder ein:
»Das kann nur Frau Sandra sein.«

Feststellung

»Guten Tag, Fürst Metternich,
Sie stinken heute fürchterlich.«

»Ach, das kann doch gar nicht sein,
ließ vor zwölf Woch' ein Bad mir ein.«
»Trotzdem umkreisen Sie die Fliegen!«
»Dann wird's wohl an der Seife liegen!«

Mut oder Leichtsinn

Im Löwenkäfig auszuruh'n,
würde ich bestimmt nicht tun,
denn zwicken dich des Löwen's Beißer,
brüllst du erst laut und später leiser.

Aber selbst dein zartes Wimmern
wird deine Lage noch verschlimmern
und fehlen dir dann ein paar Glieder,
sieht man dich kaum lebend wieder!

Eine Bitte

Der Herr Doktor soll sich bitte beeilen
und mich schnell von meiner Krankheit heilen,
er soll bei mir sein Bestes geben,
denn ich habe nicht mehr lang zu leben!!

Die großen Dichter

Goethe schrieb, das wird euch freuen,
auch ab und zu mal Ferkeleien
und dichtet Zoten voller Wonnen,
ja, auch der Goethe hat gesponnen.

Doch auch der Schiller, wird berichtet,
hat Erotisches gedichtet.
Selbst Rilke und auch den Fontane,
ich wegen Ferkelei'n ermahne.

So ist der Stift auch Busch entglitten,
weil der Teufel ihn geritten,
und deshalb wilde Lust verspürte,
da Satan seine Feder führte.

Auch Shakespeare hatte Schund verbrochen,
das wird zwar nicht laut ausgesprochen,
doch bei „Romeo" - wie fein,
ging's zu nicht immer stubenrein.

Der Nikolaus kommt

Ich bin als Kind, als kleines Wesen,
meistens brav und lieb gewesen,
war immer artig stets zu Haus,
drum kam zu mir der Nikolaus.

Ich freute mich auf tolle Gaben,
die ich schon immer wollte haben,
so war mir klar vor allen Dingen,
der Niklaus musste sie mir bringen.

Es kam der Tag, der lang ersehnte,
als an die Fensterbank ich lehnte,
um den Niklaus zu erhaschen,
wie er kommt mit vollen Taschen.

Da, ich hörte schwere Schritte,
»jetzt erfüllt er mir die Bitte
und bringt viel Gaben mir der Gute«,
deshalb war mir froh zumute.

Mein Herz, das klopfte bis zum Halse,
als der Niklaus wie 'ne Walze
schweren Schrittes kam entgegen,
ich konnte mich kaum mehr bewegen.

Starr vor Ehrfurcht sah ich dann
den bärtigen und frommen Mann,
der außerdem noch mitgebracht
den Knecht Ruprecht – schwarz wie d' Nacht.

Jetzt, dachte ich, kommt die Bescherung,
doch anstatt kam nur Belehrung,
hat nur aus seinem Buch gelesen,
war das alles schon gewesen?

Das Buch war schwarz und gar nicht golden,
»was wohl die beiden von mir wollten«,
dachte ich und tat es ahnen,
der heilige Mann wollt' mich ermahnen.

Ein Blick zur Mutter, der verstohlen
fragt: »Wird Niklaus mich versohlen
oder streichelt nur der Gute
mein Hinterteil mit seiner Rute?«

Doch, es gab da kein Entrinnen,
und ich kann mich noch entsinnen,
als ich sah, der fromme Mann,
hat Nachbar Hubers Stiefel an.

»Die hat er sicherlich gestohlen«,
dachte ich gleich unverhohlen,
»und so ein Mann will mich
verhauen,
soll ich dem Schuhdieb noch
vertrauen?«

Nachdem die Prügel ich bezogen,
hat er aus seinem Sack gezogen,
Äpfel, Nüsse, Süßigkeiten,
und ich konnt' Niklaus wieder
leiden.

Zwei Tage später – oh wie schön,
hab' Nachbar Huber ich geseh'n
und sagte: »<u>Mich</u> tat der Nikolaus
verhauen
und <u>dir</u> die Winterstiefel klauen.«

Der Nachbar, der wird sehr
verlegen
und möchte sich schnell
fortbewegen
und meint: »Der Niklaus hat mich
nicht bestohlen,
wer lügt wie du, soll man
versohlen.«

Doch schwöre ich, der heilige
Mann
hatte Nachbar Hubers Stiefel an.
»Warum will dieser Mann mich
plagen
und mir nicht die Wahrheit sagen?«

Als ich dann später älter war,
wurde mir das endlich klar,
denn wohnen tut der Nikolaus
als Nachbar meist im selben Haus.

Gerechte Strafe

Der alte Cowboy ritt nach Westen,
es stand mit ihm gar nicht zum
Besten,
denn er hat seine Frau verloren,
drum gab der Mähre er die Sporen.

Seit Tagen sucht er alle Spuren,
weil Frau und Freund nach Vegas
fuhren,
um die Nuggets zu verspielen,
die einst in seine Hände fielen.

Nun ist er einsam und verlassen
und kann das Schreckliche nicht
fassen,
doch er sinnt gar wüst auf Rache,
er würde schießen – klare Sache!

Leider musste er sich fügen,
dass ihn tat seine Frau betrügen,
doch er hat Knarre und Patronen,
deshalb würd' ein Mord sich lohnen!

Als er in Vegas eingeritten,
sucht er 'nen Stand mit Pommes Fritten,
um dort sich seinen leeren Magen
mit denselben vollzuschlagen.

Nach dem Verzehr der fetten Fritten
ist er zum Spielsalon geritten,
kriegt dort das Gaunerpaar zu fassen,
während sie sein Geld verprassen.

Er zog die Knarre und tat zielen,
und Frau nebst Freund und Nuggets fielen
auf des Spielsalones Boden,
doch er beachtet nicht die Toten.
Er ritt von dannen – schnell wie nie,
als Witwersmann nach Laramie!

In der Metzgerei

Die Frau ist meist ein zartes Wesen,
doch manchmal ist sie auch ein Besen,
das liegt zwar meist am Ehemann,
doch dieser das nicht glauben kann.

Der Gatte kann das nicht verstehen,
er tut für sie durchs Feuer gehen
und zahlt die Miete und das Essen,
wie kann die Gattin das vergessen?

Er steht beim Metzger in der Schlange
und da wartet er schon lange,
weil eine Frau, man sieht's ihr an,
sich nicht zum Kauf entschließen kann.

Für ihren Gatten, der malad,
braucht sie drei Kilo Wurstsalat,
damit es ihm ganz herrlich mundet
und er möglichst bald gesundet.

Der Metzger ist nicht zu beneiden,
er muss nun die Lyoner schneiden
und füllen dann in den Behälter,
dies dauert lang – er ist schon älter!

Die Kundenschlange, die wird länger
und in der Metzgerei wird's enger,
weil viele Leut' am Tresen stehen,
so darf es nicht mehr weitergehen.

Viele deshalb sich erbosen:
»Kauf doch einfach Wurst in Dosen,
oder nimm den Speck – den Harten,
dann brauchen wir nicht lange warten.«

Nachdem die Wurst zurechtgeschnitten,
tat die Frau den Metzger bitten,
ihr noch Hackfleisch herzurichten,
die Menge freute sich mitnichten.

Der Fleischwolf dreht sich nun geschwind,
da ruft die Frau: »Nur reines Rind«,
doch der Metzger sieht nun rot,
er hat nur „Schwein" im Angebot.

»Dann nehm' ich halt auch das vom Schwein,
es wird wohl nicht verdorben sein«,
sagt die Frau - der Metzger tobt,
weil man sein Hackfleisch nicht sehr lobt.

Die Frau ist traurig wie ein Kind,
natürlich hätte sie gerne „Rind",
denn Schweinefleisch ist ungesund,
doch sie weiß:

»Das Hackfleisch frisst ja eh der Hund.«

Alte Liebe

Es saß ein altes Ehepaar,
vor seinem Weihnachtsbaum
und, wie bereits im letzten Jahr,
bemerkten sie sich kaum.

Sie starrten hin zur Kerzenpracht,
ohne viel zu sagen,
das wurde immer so gemacht,
warum soll man sich plagen?

Anstatt sich innigst zu umarmen,
wird nur ins Fernsehbild geglotzt
und es ist fast zum Erbarmen,
weil jeder dem Gespräche trotzt.

Die Würstchen wurden angerichtet,
mit scharfem Senf und viel Salat,
denn nur eines wird gewichtet,
dass man was auf dem Teller hat.

Nachdem das Mahl man hat verschlungen,
ist die Bescherung angedacht,
kein einzig Liedchen wird gesungen,
nur schnell die Päckchen aufgemacht.

Die Freude hielt sich sehr in Grenzen,
denn nicht sehr glücklich war die Wahl,
was will man auch mit achtzig Lenzen,
nur warme Handschuh und ein Schal.

Heuchelei

Es hatte sich herumgesprochen,
Herr Müller hat ein Bein gebrochen
und jeder heuchelt jeden an:
»Ach ist das ein armer Mann.«
Man tut mit Mitleid auch nicht sparen,
»was ist dem Ärmsten widerfahren?«,
fragen sich die Nachbarsfrauen,
die ihn zu fragen sich nicht trauen.

Frau Maier ist sich wirklich sicher:
»Nächtens um die Häuser schlich er,
dabei er auch sehr kräftig schwankte,
was er dem Alkohol verdankte.«

Frau Huber, die von gegenüber,
wäre ein Skandal viel lieber,
denn diese hat genau erkannt,
dass küssend er im Park verschwand.

Und dabei hätt' er wohl gelitten,
als er im Grase ausgeglitten
und er sich – oh welche Schmach,
sein Wadenbein gleich zweimal brach.

»Das ist ganz einfach Gottes Strafe,
denn Müller war eh nie der Brave«,
meint Fräulein Kuhn von nebenan,
welche fromm – doch ohne Mann.

Neid

Es ist bekannt und auch noch wahr:
Neid ist wirklich unheilbar,
und keine Tropfen und Arzneien
helfen Neidern zu verzeihen.

Um Neid bei Freunden zu erreichen,
darf man nicht gleich die Segel streichen,
nein, man soll mit stolzer Brust
sich stets verhalten - selbstbewusst.

Neid, den muss man sich verdienen,
man sieht es doch an ihren Mienen,
wie sie innerlich vergehen,
und ebenfalls um Neider flehen!

Doch eines bleibt für immer wahr:
Neid ist auf Dauer unheilbar!

Bauernregeln

Vom Dache zwitschern es die Vögel,
der Bauer braucht die Bauernregel,
denn er muss wissen - unbeirrt,
wie zukünftig das Wetter wird.

So hat er alles aufgeschrieben
(nicht allzu viel ist uns geblieben),
doch jeder Spruch hat Gültigkeit,
auch noch in der heut'gen Zeit.

So ist die These wohl beliebt,
dass, wenn es Schnee im Maien gibt,
der April schon längst gewesen,
ja, Bauernregeln soll man lesen.

»Ist Silvester hell und klar,
dann ist am nächsten Tag Neujahr.«
Auch dieser Spruch, der hier geschrieben,
ist in Erinnerung geblieben.

Für jede Wahrheit der Beweis
ist dieser Satz, den ich noch weiß:
»Bei Sommertagen warm und heiß
klebt dem Bauer die Hos' am Steiß.«

Dem ist nichts mehr hinzuzufügen,
wer das nicht glaubt, der wird wohl lügen,
und das macht die Sache schlimmer,
denn Bauernregeln stimmen immer.

Kamel müsste man sein

Den Reisenden man kaum beneidet,
wenn er zu der Oase reitet
und dort vor Kummer fast erblindet,
weil er kein Tröpfchen Wasser findet.

Tagelang ist er geritten,
konnt' niemanden um Wasser bitten
und das war zu seinem Schaden,
denn es fehlten die Nomaden.

So blieb des Reiters Kehle trocken,
nur die Oase konnt' ihn locken,
drum war er darauf stark fixiert,
dass wassermäßig was passiert.

Die Quelle tat schon längst versiegen
(das muss am Wassermangel liegen)
und er denkt ganz ohne Hehl:
»Ach wäre ich doch mein Kamel!«

Gedanken zum Golfspiel

Mit schlimmen, schrecklichen Gefühlen
beginne ich jetzt Golf zu spielen,
und bin dazu auch gern bereit,
zu meiner lieben Gattin Freud.

Sollte man mich danach fragen:
»Warum die Schau in alten Tagen«,
dann bin ich ehrlich und gesteh:
»Wir haben Geld im Portemonnaie.«

Nicht durch harte Arbeit – nein,
gab's Geld für diesen Golfverein,
nein, schuld war halt der Lottozettel,
dass ich mit „Hartz IV" nicht bettel.

Als die Gattin vom Gewinn erfahren,
war sie sich sehr schnell im Klaren
und sagte deshalb: »Jetzt oder nie,
wir geh'n zur High Society.«

Deshalb reift in ihr der Plan
(so beginnt der Größenwahn),
dass sie ihr Geld auch zeigen wollte,
damit man den Respekt ihr zollte.

Beste Schläger galt's zu kaufen
(ich wollte mir die Haare raufen),
drum wollte meine Gattin toben,
ja, sie hat wirklich abgehoben!

»Das beste Material muss her«,
meinte sie ganz elitär,
»und nur das Feinste für den Sport«,
fuhr meine Gattin zärtlich fort.

Neuerdings, da war es Pflicht,
dass man auch bestes Hochdeutsch spricht,
denn Alemannisch, was gewöhnlich,
ist sprachlich auch sehr unpersönlich.

»Auch etwas Englisch und Latein
wäre für den Golfclub fein«,
meint die Frau mit finst'rem Blick,
da dachte ich: »Du blödes Stück.«

Auf Englisch sprach sie zu mir »Daddy,
schieb mir den superteuren Caddy,
um schnell von Loch zu Loch zu eilen.«
Achtzehn Löcher – tausend Meilen!

Die Gattin jubelt ohne Sinn:
»Beim zwölften Schlag, da war er drin«,
doch dabei übersah sie doch,
der dritte Ball, der muss ins Loch.

Deshalb war für mich schnell klar,
ob über oder unter Par,
das wollt' die Gattin nie erfahren,
warum soll sie an Schlägen sparen?

Zum Ausklang noch die Lounge besuchen
(das Paket, das kann man buchen),
um dort am Schampusglas zu nippen
und dabei herrlich auszuflippen.

Sie hauchte mir ins Ohr vertraulich:
»Dein Outfit, das ist nicht erbaulich,
denn jeder, der was auf sich hält,
kauft irgendwas von Lagerfeld.«

Was kann man aus den Versen schließen,
Geld soll man nur <u>allein</u> genießen,
drum gebe ich die Knete her
an Rotes Kreuz und Feuerwehr.

Der Feigling

Er war des Lebens überdrüssig,
denn finanziell war er nicht flüssig,
drum hat ob dieser Schuldenlast,
er einen Entschluss gefasst.

Die Frau, die ihn hat schnell verlassen,
tat ihn der Schulden wegen hassen
und sagte ihm: »Dass es jetzt reiche
und er sich bald vom Acker schleiche.«

Ob dieser schwerwiegenden Sorgen
wollt' er ein Gewehr sich borgen,
um damit – 's ist nicht zu spaßen,
sein Lebenslicht sich auszublasen.

Doch innerlich in seinem Herzen
befürchtete er große Schmerzen,
drum hat er auf den Tod verzichtet,
so hat zumindest er berichtet.

Dialekt

Die Freundin verzieht das Gesicht,
weil ihr Liebster schwäbisch spricht.
Er weiß, dass dieses zwar nicht geht,
doch ihr sächsisch klingt genauso blöd.

151

Im Fischgeschäft

»Beraten Sie mich über Fisch,
ich brauch ihn für den Mittagstisch«,
meint die Frau in ernstem Ton
(sie kauft den Fisch für ihren Sohn).

»Ich empfehle Heilbutt auf dem Teller,
doch Fischstäbchen, die braten schneller«,
beriet die Verkäuferin die Frau,
doch diese wollte Kabeljau.

»Packen Sie zwei Kilo ein,
mein Sohn will gut gesättigt sein
und er braucht ja was zum Leben«,
(die Verkäuferin grinst sehr ergeben).

Sie wiegt der Frau drei Stücke ab,
da meint die Kundin: »Nicht zu knapp,
wiegen sie hier nicht zu kleinlich«,
der Verkäuferin war's peinlich.

Im Möbelhaus

Ich hätt' gern einen Stuhl bestellt
der mindestens hundert Kilo hält
und sich nur sehr diskret verbiegt,
da meine Frau drei Zentner wiegt.

Darf man fragen?

»Hallo Sie, Herr Griechen-Mann,
ob ich Sie wohl was fragen kann,
gibt's in Ihrer Regierung korrupte Mannen?«
Wortlos schlich er sich von dannen!

Beim Fischen

Die Fischerin vom Bodensee
fuhr hinaus bei Eis und Schnee,
um den Kretzerfisch zu jagen
an harten, kalten Wintertagen.

Dabei war sie sich im Klaren,
wär' im Sommer sie gefahren
und hätt' den Juli auserkoren,
dann hätte sie nicht so gefroren.

Aufklärung

Der Vater meinte: »Ich begreif,
die Zeit für Aufklärung ist reif«,
d'rum möcht' er seinen Sohn bekehren
und ihm die Liebeskunst erklären.

Den Knaben ließ er zu sich kommen,
er hat sich sehr viel Zeit genommen,
um den Sohn auch in diesen Dingen,
auf den neuesten Stand zu bringen.

»Du weißt natürlich ganz genau,
es gibt den Mann und auch die Frau,
die sich manchmal zusammenfinden
und sich innerlich verbinden.«

Das Söhnchen lauscht mit strenger Miene
und als das Beispiel mit der Biene
kommet über Vaters Lippen,
muss der Sohn total ausflippen.

»Lieber Vater tu dir's schenken,
du brauchst dich wirklich nicht verrenken,
denn ich bin läufig wie ein Kater,
und übrigens - du wirst Großvater!«

Tätowiert

Nur wer etwas auf sich hält,
schmückt seinen Körper für viel Geld,
denn er lässt sich tätowieren,
damit die Menschen auf ihn stieren.

So ist auch manche Frau dabei
mit einem flotten Arschgeweih,
welches wird in späten Jahren
mit der Haut nach unten fahren.

Da die Tattoos stets ewig halten
überdauern sie die Falten,
so wird man sich dann überzeugen:
Das Fleisch muss sich der Schwerkraft beugen.

So manches Kunstwerk, das gestochen,
umhüllt bei dürren Frau'n die Knochen
und die, die leiblich angeschwollen,
gern das Tattoo entfernen wollen.

Als noch das Fleisch an ihren Lenden,
macht es sich gut in Männerhänden,
doch heut wird mancher Mann erschrecken,
ob die Frauen dies bezwecken?

Drum prüfe, ob du dich lässt stechen,
denn im Alter wird's sich rächen,
und manche fesche Maid wär froh,
hätt' sie kein Arschgeweih am Po.

Reiseplanung

Herr Knolle wollte Urlaub planen,
und er konnte es erahnen,
dass diese Planung würde heiß,
denn er plante im Familienkreis.

Die Liebste wollte in den Osten,
denn es soll nicht sehr viel kosten,
drum schlug sie vor: »Wir fahr'n
nach Polen,
um mir den Sonnenbrand zu
holen.«

Die Tochter braucht nicht
überlegen:
»Ich möchte meinen Körper
pflegen
und auch noch flirten ganz
charmant,
drum will ich zum Mallorca-
Strand.«

Klaus, ihr Bruder war sich
schlüssig:
»Ich bin des Schwimmens
überdrüssig
und deshalb genieß ich, ohne Frage,
gern in Paris die Urlaubstage.«

»Die Stadt der Liebe möcht' ich
sehen,
drum lass jetzt nach Paris uns
gehen,
denn das ist besser als zehn Kuren,
ich wünsche mir dort nur
Amouren.«

Nesthäkchen Karla – mit drei
Jahren,
will den Vergnügungspark
befahren,
um sich dort richtig auszutoben,
(des Vaters Puls ist schon ganz
oben).

Kolle will ja auch verreisen,
um im Drei-Sterne-Haus zu
speisen,
doch nichts ist es mit dem Budget,
nach einem Blick ins
Portemonnaie.

Drum vertritt er die Devise,
dass man den Urlaub sausen ließe,
um bereits schon jetzt zu sparen,
für einen Urlaub in zehn Jahren.

Ironie

Man nehme:
Eine Prise voller Häme,
dosiert mit Hass und Unwahrheiten,
dann lebst du fröhlich und
bescheiden.

Unverschämtheit

Vor mir stand ein Glas Weizenbier,
das volle Glas gehörte mir,
doch Nachbar Fimpel hat's
getrunken,
das hat mir aber sehr gestunken.

Die Post ist da

Der Bote brachte ein Paket,
worauf mein eig'ner Name steht,
darum ist es für mich klar,
dass dieses Päckchen für mich war.

Wär's für die Nachbarin gewesen,
dann würd' ich <u>ihren</u> Namen lesen
und nur dadurch, da wüsste ich:
Das Paket ist nicht für mich.

Ein ganzer Kerl

Er war im Dorfe gut bekannt,
war eingebildet, arrogant,
und mit diesen Attributen
gehörte er nicht zu den Guten.

Doch dies war wahrlich nicht verkehrt,
denn er war trotzdem heißbegehrt
und in den meisten Frauenkreisen,
sich die Ladys um ihn reißen.

»Ein ganzer Kerl«, hört man sie schwärmen,
sie kreischen dabei laut und lärmen:
»Was für ein Bild von einem Mann,
der alles weiß und alles kann.«

In Wahrheit ist der Mann ein Schnösel,
dümmer noch als mancher Esel,
denn er konnt' nicht mit Gefühlen,
sondern nur mit Muskeln spielen.

Dichtkunst

Theorie
Man muss nur kurz verweilen
und ein paar Zeilen schreiben
und reimt sich hinten der Bericht,
dann schrieb man wirklich ein Gedicht.

Praxis
Ich sitz am Schreibtisch 'rum und schwitze,
denn ich vermiss' die Geistesblitze
und die Gedanken kreisen schwer:
»Gedichte schreib ich keine mehr!«

Tafelspitz

»Sagen Sie Herr Haberwitz,
frisst ihr Hund gern Tafelspitz?«
»Ich frage Sie, warum Sie fragen?«
»Am Nebentisch, da hört ich klagen.«
Herr Haberwitz dreht sich zum Tische,
wo sein Hund in aller Frische,
das Fleisch vom Nachbarn hat erkundet,
das war verwerflich – doch es mundet!

Der Köter fraß das ganze Stück,
und Haberwitz pfiff ihn zurück,
doch der Hund war einfach schneller,
der Nachbar hat nichts auf dem Teller.

»Ach, das ist mir aber peinlich«,
meint Haberwitz, »ich bin nicht kleinlich«
und gibt dem Nachbarn schnell sein Geld,
der Köter freut sich – denn er bellt!

Nu ei verbibsch

»Nu ei verbibsch . . .
Ihre Frau ist wirklich hübsch«,
sagt der Sachse zu dem Polen.

Der meint:

»Ich hab sie nicht einmal gestohlen!«

Der Gourmet

Der alte Greis, der sehr betagt,
verzichtet auf die Schnitzeljagd,
denn er ist geistig etwas heller,
er mag das Schnitzel auf dem Teller.

Das Krippenspiel

Die Kuh, die einst im Stalle stand,
fand ihr Leben int'ressant,
denn einmal, so zur Weihnachtszeit,
stand sie als Krippenkuh bereit.

Sogar der Esel hat's kapiert,
dass er ebenfalls flaniert
um die Krippe zu ergänzen,
drum wedeln sie mit ihren Schwänzen.

Das Krippenspiel, das aufgeführt,
alle Menschen stark berührt
und selbst der Amtmann, der kein Christ,
als »Josef« hier verpflichtet ist.

Maria gibt ihr Bestes her
mit einem spärlichen Salär,
denn es gilt zur Heiligen Nacht,
dass man das Spiel hat mitgemacht.

Eine Rolle zu bekommen,
freut Ungläubige und auch die Frommen,
denn jeder möchte sich hier zeigen,
in des Krippenspieles Reigen.

Das Christuskind liegt in der Krippe,
in einer alten hölz'nern Wippe

und lässt von Josef sich verwöhnen,
während Kuh und Esel gähnen.

So steht die Kuh in ihrem Stall,
erwartungsvoll, das Euter prall,
und freut sich riesig – das ist klar,
auf Weihnachten im nächsten Jahr.

Sie träumt davon im warmen Mist,
sofern aus ihr kein Gulasch ist.

Sein letzter Wille

Der Opa starb am frühen Morgen,
groß sind Kummer und auch Sorgen,
denn der Gute, der verblichen,
hat die Erben aus dem Testament gestrichen.

Erwartungsvoll war man zugegen,
als der Notar anhand Belegen,
den Erben diesen Schock versetzte,
was deren Selbstgefühl verletzte.

»Warum«, so hört man alle fragen,
»konnt' es der liebe Opa wagen,
uns von dem Erbe auszuschließen
und uns das Leben zu vermiesen?«

»Dies war nun mal sein letzter Wille«,
sagt der Notar und greift zur Brille.

Er liest ihn vor und schnell war klar:
»Die Kirche kriegt's - und zwar in bar!

Die Häuser werden über Nacht
ebenfalls zu Geld gemacht
und den Erlös bekommt allein
der örtliche Turn- und Sportverein.

Wer möchte, kann in den nächsten Tagen
seinen Pflichtteil gern einklagen«,
meint der Notar ganz ohne Groll
und schließt das Erbschaftsprotokoll.

Die Konsequenz daraus:
Die Erben entschlossen sich dann,
anstatt für den Opa zu beten,
schnell aus der Kirche auszutreten.

»Wer alles verprasst vor seinem End', der macht das beste Testament!«

Nomen est omen

»Bonjour Mademoiselle Yvette,
Sie erscheinen mir zu fett«,
sagt uncharmant ein fremder Mann,
als er sich schaut Yvette an.

»Das kann nicht sein«, so stöhnt sie leise,
»da ich Yvette Schmalhans heiße«.
Der Fremde lacht und meint dabei,
dass nicht immer »Nomen est omen« sei.

Größenwahn

Die Streckbank dehnte seine Glieder,
als der Henker immer wieder
das Rad an der Maschine drehte,
weil der Delinquent um Schmerzen flehte.

Mit der Welt war er zufrieden,
denn nicht jedem ist beschieden,
dass er vom Kopf bis zu den Haxen,
darf im Todeskampf noch wachsen.

Kilt-Kult

Das ist die Frage aller Fragen:
»Was Schotten unterm Rock wohl tragen?«
Sogar die klügsten Köpfe eben
liegen meilenweit daneben.

Die Schotten sind sehr hart im Nehmen
und würden sich gewiss nicht schämen,
wenn sie in kalten Jahreszeiten
sich ohne Unterwäsch' bekleiden.

Die Highlands Ort der Spiele sind,
dort flattert meist der Kilt im Wind,
doch man kann's drehen oder wenden,
man blickt nie hoch bis zu den Lenden.

Begibt die Queen sich zu den Spielen,
wird sie gewiss nach unten schielen,
um einen Einblick zu erhaschen,
holt sie ihr Fernglas aus der Taschen.

Da sie trotzdem nichts gefunden,
widmet sie sich ihren Hunden,
welche vier sind an der Zahl,
das ärgert sehr den Prinzgemahl.

Auch dieser ist mit Kilt gekleidet,
wofür die Elsbeth ihn beneidet,
doch die Queen wird niemals fragen:
»Was wird Philip unterm Röckchen tragen?«

Dort unten einmal nachzuschauen,
wird sich Elisabeth nicht trauen,
so wird sie dieses nie ergründen,
was es gäbe dort zu finden.

Somnambulismus

Der Vollmond schien bei Nacht aufs Haus,
da trieb's ihn aus dem Bette raus,
um den Mondenschein zu grüßen
im Schlafanzug und nackten Füßen.

Zum Glück wohnt dieser Mann Parterre,
drum hielt ihn auf auch keine Sperre,
sodass im Garten er konnt' wandeln
(sein Fußgeruch tat die Luft verschandeln).

Mit sicherem Tritt und wie auf Schienen
schleicht er durch den Stand mit Bienen,
was ihn jedoch kaum verzückt,
denn er ist ja der Welt entrückt.

Als sie den Eindringling entdeckten,
sind verärgert die Insekten,
weil dieser ihre Ruhe störte,
was sich einfach nicht gehörte.

Sie schwärmen aus – so wie gewohnt,
sie kümmern sich nicht um den Mond.

Der Mann in Trance bemerkt es nicht,
bis ihn ein kleines Bienchen sticht.
Der Schmerz ist groß, die Wunde schwillt,
jetzt erst ist der Mann im Bild,
was er in dieser dunklen Nacht,
als Somnambuler hat gemacht.

Leicht verstört und stark verwirrt
er durch seinen Garten irrt,
wo er, anstatt im Bett zu liegen,
tat viele Bienenstiche kriegen.
F a z i t:
 Schlafwandeln sich niemals lohnt,
drum Mittelfinger hoch zum Mond!

Der Zaubertrank

Im Wald, da wohnet ein Druide,
er haust im Baum, zahlt keine Miete
und ist auch sonst kaum zu gebrauchen
(auch die Faulheit kann sehr schlauchen).

Er braucht kein Auto, keine Banken,
dafür wir ihm herzlich danken,
doch eine Arbeit kann er leiden,
das unentwegte Mistelschneiden.

Die Sichel nimmt er in die Hände
und streift damit durchs
Waldgelände,
um sich die Misteln zu besorgen,
die er braucht am nächsten Morgen.

Er braut dann einen herben Saft,
welcher verleiht die Zauberkraft,
um damit vor allen Dingen,
die Römer zur Räson zu bringen.

Ein kleiner Schluck aus seiner
Kelle
ist wirksam für den Fall der Fälle,
damit die Gallier ohne Zagen
das Römerpack vernichtend
schlagen.

Nur Obelix, dem Erzvasallen,
der als Kind in den Topf gefallen,
muss man den Zaubertrank
verweigern,
denn seine Kraft ist nicht zu
steigern.

Ansonsten rührt der Druidenmann
keine weitere Arbeit an,
denn er ist faul und tut fast nix,
liest nur im Heft von Asterix.

Es gibt Rabatt

»Leute, kommt in unsere Stadt,
herbei, herbei, es gibt Rabatt«,
so stand es in den Farbprospekten,
die in meinem Kasten steckten.

So musste ich mich kräftig sputen,
denn ich wollte einen guten
Farbfernseher mir erwerben,
doch meine Stimmung lag in
Scherben.

Das Teil, das ich gern kaufen
wollte
und dem ich mein Interesse zollte,
hat ein Mann vor mir erworben
(der ganze Tag war mir verdorben).

Ach, es war zum Haare raufen,
»Warum musst der Mann sich
dieses kaufen,
was ich mir habe auserkoren?«,
hilflos war ich und verloren.

»Doch soll ich deshalb
resignieren?,
besser den Rabatt verlieren,
als verbilligt einzukaufen
und einem Schnäppchen
hinterherzulaufen.«

Hätt' man das Faltblatt nicht geschrieben,
wär vieles mir erspart geblieben.

Was ich daraus gelernt habe?

»Rabatte bleiben mir gestohlen,
ich werd' mir gleich was Teu'res holen!«

Der Vorsatz

Herr Huber machte eine Wette:
»Nie mehr rauch' ich Zigarette
und ich qualm auch keine Stumpen,
verzichte gerne auch auf Humpen.«

Die Ehefrau, die dies vernommen,
hat einen Glücksanfall bekommen
und drückt ein Kuss auf seine Wange,
doch sie ahnt: »Das hält nicht lange.«

Drei Wochen dann im alten Trott,
die Gattin rief: »Ach lieber Gott,
da hätt' ich ihn nicht küssen brauchen,
denn **d e r** verzichtet nie aufs Rauchen.«

Wer bestellt, bezahlt!

»Herr Doktor, ich brauch schnell Tabletten,
kann vor Frauen mich kaum retten,
deshalb brauch ich Unterstützung,
denn ich spüre die Abnützung.«

Das Doktorlein tat wie befohlen,
ihm die Tabletten gleich zu holen
und öffnet dabei elegant
zum Geldempfang die rechte Hand.

Die Geste mit der rechten Hand,
war dem Patienten wohl bekannt
und es bereitete ihm Qualen,
doch »Viagra« muss man selbst bezahlen.

Der Bienenstich

Mutter meint: »Heut backe ich
einen leckeren Bienenstich,
drum musste sie zum Händler laufen,
um die Zutaten zu kaufen.

Sie ließ sich dabei nicht verwirren,
obwohl Insekten sie umschwirren
und es war ihr deshalb klar:
»Dies ist wohl ein Insektenjahr!«

Der Weg zum Händler war recht lange,
dabei wurde es ihr bange,
und um die Plage zu beenden,
fuchtelt sie mit ihren Händen.

Das war ein Fehler, denn ein Insekt
hat ihre Fuchtelei entdeckt
und fühlte sich im Flug gestört,
weil sich so etwas nicht gehört.

Sie wehrte sich und ei der Daus,
fuhr das Vieh den Stachel aus,
um sich für diese Schmach zu rächen
und ohne Warnung zuzustechen.

Vor Schmerzen tat sich Mutter winden
und um den bösen Stich zu finden,
sah sie nach und schnell war klar,
dass es eine Wespe war.

Darum hat Mutter sich geschworen:
»Die Lust am Backen ging verloren
und auf den blöden Bienenstich
…. verzichte ich.«

Was lernen wir daraus?

Du kannst auf Bienenstich verzichten,
wenn Wespenstiche dich vernichten!

Ärgerlich

Karlchen bekam ein Strafmandat,
weil ohne Geld er parken tat,
das passt gut in des »Sheriffs« Planung
und schreibt 'nen Zettel zur Ermahnung.

Zwei Euro fünfzig für drei Stunden
hat Karlchen für zu viel befunden,
ging deshalb nicht zum Automaten
und nun hat er seinen Schaden.

Der Zettel an der Windschutzscheibe
weist darauf hin, dass er beileibe
jetzt zur Kasse wird gebeten
(er könnt' den blöden »Sheriff« töten).

»Fünfzehn Euro zahl ich hier,
das sind ja beinah' vier Glas Bier«,
meint das Karlchen voll Empörung,
denn nur Bier ist seine Währung.

Es stürmt

Der Sturm tobt schrecklich durchs Gemäuer,
die Scheiben klirren - das wird teuer,
selbst die Tür hat einen Sprung,
das ärgert die Versicherung.

Ein Wunschtraum

Ach, das wäre wirklich fein,
einmal richtig reich zu sein
und um dieses zu erlangen,
hab das Lottospiel ich angefangen.

Doch bereiten mir die Zahlen
wöchentlich gar große Qualen,
die ich trag in den Lottoschein,
mit viel Elan und Eifer ein.

Doch sind die Zahlen dann gezogen,
ist mir das Schicksal nicht gewogen
und es ist mir nicht geheuer,
ich habe nicht mal einen „Dreier".

Dabei wagte ich zu hoffen,
dass einen »Sechser« ich getroffen,
doch das Glück wollt' mich nicht küssen,
so werde ich halt warten müssen.

Das Sparbuch

Hallo ihr Sparer weit und breit,
langsam wär' es an der Zeit,
dass mich die Bank mit Zinsen füttert,
dann wäre ich nicht so verbittert.

Derzeit lässt man mich sehr darben,
obwohl die Banken dafür warben,
dass sie zahlen hohe Zinsen,
das entlockt mir doch ein Grinsen.

Anstatt mit Zinsen mich verwöhnen,
tun die Bänker mich verhöhnen
und zahlen nicht mal – das ist dumm,
nur ein kleines Minimum.

So werde ich halt stetig schlanker,
deshalb werd' ich immer kranker,
ich weiß, man wird mich wieder lieben,
wird sehr viel Zins mir gutgeschrieben.

Dieses hätte ich zwar gerne,
doch das liegt in weiter Ferne,
denn jeder Mensch, der bei Verstand,
hat aus seinem Leben mich verbannt!

Um dies nicht weiter zu erdulden,
macht mein Sparer lieber Schulden
und wirft das Geld zum Fenster raus
und lebt somit in Saus und Braus.

Mein Fahrrad

Ein neues Fahrrad wünsch ich mir,
mein's ist kaputt, d'rum sitz ich hier,
nun wär ich froh und es wär nett,
wenn Geld ich auf dem Sparbuch hätt'.

Der Traum

Ich träumte morgens – kurz vor acht
(und deshalb bin ich aufgewacht),
dass küsset mich zu dieser Stund'
ein hübsches Fräulein auf den Mund.

Doch dies gehört ins Land der Träume,
und diese sind bekanntlich Schäume,
darum schlief ich nochmals ein
und träum' erneut vom Mägdelein.

Frohe Ostern

Alljährlich um die Osterzeit
gibt es Hasen, weit und breit,
welche müssen, welch ein Segen,
viele harte Eier legen.

Sind dann diese, was bezweckt,
von den Hasen frisch gelegt,
dann werden die braunweißen Schalen,
die Osterhasen bunt bemalen.

Nach diesem Werk, so will's die Sage,
ist man gerüstet für die Tage
und bei Heiden und bei Frommen
kann Ostern endlich, endlich kommen.

In Truhen oder auch im Garten,
die Eier auf die Kinder warten,
welche suchen manchmal Stunden,
bis sie schrei'n: »Ich hab's gefunden.«

Die Hasenschar tut man bejubeln,
obwohl sie nur die Hühner doubeln,
denn was hat ein Has' zu tun,
wenn Eier legt das dumme Huhn?

Es ist so wie im echten Leben,
man muss nur bluffen und angeben,
dann wird man dich - so ist's im Leben,
in den Himmel aufwärts heben!

Während Hühner sich sehr schinden
damit die Kinder Eier finden,
meint der Has' ohne zu lügen:
»Das Huhn hat Stress, ich hab's Vergnügen.«

Doch lieber Hase, lass dir sagen,
erst nach den schönen Ostertagen
wird festgestellt, ob es gab Schaden
und man dich aß als Festtagsbraten!

Mutation

Der Mensch, der meistens ungehemmt,
vom Schwein die besten Stücke schlemmt,
der frisst sich satt ganz unbeirrt,
sodass er selbst zum Schinken wird.

Foto: Uwe Merz, Welschensteinach

Manchmal bin ich überrascht, wenn ich eine Resonanz auf meine geistigen Ergüsse erhalte. Und wenn diese Rückmeldung positiv ausfällt, freut es mich umso mehr. Wir Deutschen neigen bekanntlich gerne dazu, alles zu hinterfragen und zu kritisieren. Doch es gibt auch Menschen mit Humor und nur für diese schreibe ich meine »Gedichte, die die Welt nicht braucht«.

So erhielt ich von meinem Leser aus Welschensteinach, dem Grafikdesigner Uwe Merz, folgendes, von ihm verfasstes Gedicht:

»Genüsslich kann das Leben sein;
Pizzabrot, ein guter Wein.
Doch dann und wann an trüben Tagen,
wenn die Zweifel niederschlagen,
wenn die Hoffnung wieder klein,
hilft dir ein Buch von Dieter Stein.

Nach ein paar Seiten fällt's dir ein:
Genüsslich kann das Leben sein!«

Uwe Merz

Stein auf Stein

Gedichte, die die Welt nicht braucht

7. Buch

Stein auf Stein

Soll ein Haus dein Eigen sein,
so staple einfach Stein auf Stein.
Das wird zwar eine große Plage
und auch teuer – ohne Frage.

Die Banken werden freundlich grinsen,
denn sie verdienen an den Zinsen,
die sie berechnen nicht zu knapp
und buchen sie vom Konto ab.

Der Architekt muss auch verdienen,
drum lenkt er dich, fast wie auf Schienen,
um hier und da was einzuplanen
(die Kosten kann man nur erahnen!).

Doch steht der Christbaum auf dem Dache,
ist es eine tolle Sache,
wenn einer brüllt, so laut er kann
(zum Richtfest ruft der Zimmermann!).

Ein Gläschen Schnaps wird nun getrunken
und einander zugewunken,
wenn man erbittet Gottes Segen
(dem Catering kommt das sehr gelegen!).

Bei Stimmung und auch flottem Tanze
eskaliert ja meist das Ganze,
denn alle die am Bau betroffen,
sind letztendlich nur besoffen.

Drum lade nie zum Richtfest ein,
bau alles selber - Stein auf Stein!

Beim Trödler

Auf dem Trödelmarkt gibt's Plunder,
Schrott und Tand sind hier kein Wunder,
doch manches Kleinod ist verborgen,
das soll der Sammler sich besorgen.

Der Trödler weiß, in seinem Keller
liegt von der Oma noch ein Teller,
welchen er will nach Belieben
einem Sammler unterschieben.

Er wühlt in Kartons und auch in Kisten,
um so den Keller auszumisten
und kann dann – nach sehr langem Suchen,
endlich den Erfolg verbuchen.

»Was für ein Kleinod, welch ein Fund«,
entfuhr's dem Trödler aus dem Mund,
als er den Teller hält ans Licht,
doch was er sah, gefiel ihm nicht.

Den Teller tat man arg verschmieren,
denn auf der Rückseite da zieren
zwei Schwerter, die man darauf malte
und dafür noch viel Geld bezahlte.

Doch dieser gut sichtbare Makel
war für den Trödler ein Debakel,
sodass er mit List und Kreativität,
bis zum Allerletzten geht.

Er wird die Schwerter überkleben,
betrogen wird nun mal im Leben,
drum bringt der schlaue Trödlersmann
hier ein weißes Preisschild an.

»Zehn Euro kann ich schon verlangen«,
sinniert er vor sich hin mit Bangen,
»und will ein Käufer mich noch drücken,
wird ihm dieses auch noch glücken.«

Nach langem Warten kam der Tag,
wo der verstaubte Teller lag
im letzten Winkel gut versteckt,
bis ihn ein alter Mann entdeckt.

Der Trödler informiert den Alten:
»der Teller sei noch gut erhalten«,
während dieser prüft und nickt,
bis er das Etikett erblickt.

Der Trödler wird nun leicht erröten
und er könnt' den Alten töten,
doch dieser lächelt nur ganz mild,
als er entdeckt des Preises Schild.

Er kratzt das Etikett schnell ab,
der Trödler zittert nicht zu knapp
und er begann sich sehr zu schämen:
»Wird wohl der Mann den Teller nehmen?«

Doch statt zu meckern schaut der Mann
wortlos den schlauen Trödler an,
bis er sagt: »ich nehm den Plunder«,
der Trödler glaubte an ein Wunder.

Der Trödler denkt: »was für ein Leben,
jetzt tut der mir zehn Euros geben«
und er ihn konnte so bescheißen.

Was der Trödler nicht wusste:
Der Teller war echt, er kam aus Meißen.

Der schlaue Teddybär

Der Teddybär, der sprach zum Hund:
»deine Milch ist ungesund,
drum gib mir etwas davon ab«,
der Köter bellte nicht zu knapp.

»Meine Milch sauf ich alleine,
du als Teddybär brauchst keine,
die Milch ist nur mir auserkoren«
und er wedelt mit den Ohren.

Der Teddy, den dies hat betroffen,
hat deshalb keine Milch gesoffen,
doch er schwärmt dem Hund was vor:
»nur ich trag einen Knopf im Ohr!«

»Ach«, meint der Hund, »ich es begreif,
das ist bestimmt ein Knopf von STEIFF«.
»Ja«, sagt der Teddy voller Stolz,
der Hund der meint: »egal, was soll's!!«

»Ich brauch das nicht, ich bin der Starke
und trage eine Hundemarke«.
Doch Teddy überlegt nun länger:

»Dich schnappt demnächst der Hundefänger.«

Der hilfreiche Pfau

Die arme Frau, die wir hier sehen,
die rührt den Pfau mit ihrem Flehen,
denn es fehlt zu ihrem Glück,
gar nichts, nur ein Kleidungsstück.

»Ach, lieber Pfau, ach sei bereit,
und gib mir ab dein Federkleid,
um meine Blöße zu verdecken,
vor Kälte will ich nicht verrecken.«

Der Pfau, der dieses hat vernommen,
hat sich die Federn abgenommen
und spendet diese ohne klagen,
doch die Frau will noch was sagen:

»Schau mich an, trotz deiner Feder,
sieht meine Blöße doch noch jeder,
weil nur hinten, auf dem Rücken,
ich bin behängt mit Federstücken.«

Der Pfau, den nun das Mitleid packte,
spendet weiter für die Nackte,
das war sehr vornehm und auch edel,
ja, er opfert sich fürs Mädel.

Doch schau'n wir uns die Skizze an,
zu früh gemalt hat unser Mann,
denn noch sieht man ihre Lenden
trotz des Pfaues Federspenden.

Und die Moral von der Geschichte
sowie auch die von dem Gedichte:

Man muss mit dem Zeichnen warten
und darf die Dichterei erst starten,
wenn das Objekt ganz eingehüllt,
doch wem gefällt nicht dieses Bild?

Der Maler

Der Maler, der sein Leben lang,
begeistert seinen Pinsel schwang,
sitzt ganz allein im Atelier
und stierte Löcher in den Schnee.

Sein Aktmodell, welches verstorben,
hat ihm den ganzen Tag verdorben.
»Wen soll ich auf die Leinwand bannen,
wenn meine Muse ging von dannen?«

Er dachte, wie einst zum Spaß,
die Nachbarin Modell ihm saß
und welche freudig, bis zuletzt,
hat bewegungslos sich hingesetzt.

Am Schnupfen ist sie nun verblichen,
drum hat den Balkon er gestrichen,
um sich vor Trauer abzulenken,
denn er musste an sie denken.

»Warum musste ich mit Wärme geizen
und vergaß das Haus zu heizen?«,
dann könnt' die Frau bestimmt noch leben
und mir zum Malen Anlass geben!

Ich könnt' noch lang den Pinsel tupfen,
doch nun verstarb die Frau an Schnupfen,
drum schwör ich mir an dieser Stell,
ich brauch nie mehr ein Aktmodell!«

Der Kirchenbesucher

Es schaute sich ein fremder Mann
Pfarrer Hubers Kirche an.
Dieser tritt an ihn heran,
ob er ihm etwas zeigen kann.

Der Mann verneinte seine Bitte,
und er lenkte seine Schritte
zu einem Kästchen, das aus Eisen
(der Pfarrer muss den Herrgott preisen).

Der Fremde fackelte nicht lange,
holt aus dem Beutel eine Zange,
mit welcher er, mit viel Gefühl,
sich das Geld jetzt holen will.

Der Pfarrer, dem dies nicht entgangen,
hat gleich zu schmunzeln angefangen
und sagte ihm, und das ad hoc:
»Es ist eh nichts drin im Opferstock.«

Vorahnung

Das dicke Schwein im Stalle grunzt,
es weiß, sein Leben ist verhunzt,
deshalb frisst es unbeirrt,
bis aus ihm ein Eisbein wird.

Fehlanzeige

Zum Vater sprach der brave Sohn:
»Ich glaub, ich hab 'ne Erektion.«
Der Vater prüft's: »du blöder Hund,
das ist doch nur dein Schlüsselbund.«

Die Abiturfeier

Ein junger Mann aus gutem Hause
lud Freunde ein zu einer Sause,
denn er hat mit letzter Kraft,
endlich das Abitur geschafft.

Als Schüler war er eine Pfeife,
schon vor der »Mittleren der Reife«,
war er völlig überfordert,
drum wurd' sein Lehrer herbeordert.

Die Mutter wurde unterrichtet
und zur Geheimhaltung verpflichtet,
doch auch sie kam zu dem Schluss,
dass irgendwas geschehen muss.

Trotz Rechen- und auch Leseschwächen
hielt der Vater sein Versprechen
und brachte schnell den Lehrersmann,
dezent gesagt »auf Vordermann«.

Der Vater, der zwar stets integer
und außerdem noch Würdenträger,
schmiert den Lehrer – was verboten,
doch der Sohn braucht gute Noten!

Der Lehrer grabschte die Moneten,
und er konnte nur noch beten,
dass man nicht merkt, dass er betrogen,
es leben hoch die Pädagogen!

Camping

Herr Müller schnappte seinen Schatz
und fuhr mit ihr zum Campingplatz,
um dort drei Tag' zu übernachten,
doch die Anverwandten lachten.

»Das Camping, das sei was für Arme,
das ist zu primitiv – erbarme«,
doch Müller machte kein Rabatz,
er fuhr trotzdem zum Campingplatz.

Denn er wusste ganz genau:
»Lieber im Zelt zugrunde gehen,
als die blöden Verwandten sehen!«

Überreaktion

»Mein lieber Mann entsorg' den Müll!«,
ein kurzer Aufschrei – es war still,
denn er hat seine Frau erstochen,
weil sie so maulte schon seit Wochen.

Späte Liebe

Herr Kaiser, welcher sehr verliebt,
meint: »dass es noch so etwas gibt«,
denn er ist weit schon über achtzig,
doch sein Liebesleben macht sich.

»'Ne Frau, die knackig ist und jung,
hilft den Hormonen auf den Sprung«,
meint Kaiser, denn die Frau hat Rasse
(obwohl sie benutzt die Schnabeltasse).

Brechreiz

»Ich muss brechen, das wird heikel«,
sagt ein Mann aus Wanne-Eickel,
und das sagt der Mann zu Recht,
denn es ist ihm furchtbar schlecht.

»Ach lieber Mann, was soll ich machen?«

»Steck doch den Finger in den Rachen
und höre endlich auf zu motzen,

übrigens:

wir sind in Baden – es heißt kotzen!«

Besuch bei »Nessi«

Nach Schottland ist er einst gefahren,
als er noch war sehr jung an Jahren,
er wollte endlich mal ergründen,
was man im Loch Ness kann finden.

Mit einem Boot und Apparaten
fuhr er zum See, um dort zu baden
und Fotos machen, die wir brauchen,
drum muss er nach dem Urvieh tauchen.

Er sucht bei Nachts im Schein des Lichts,
doch gefunden hat er nichts,
und auch beim Tauchgang in der Frühe
war vergebens seine Mühe.

Er war sehr traurig und betroffen
und wagte es nicht mehr zu hoffen,
als er plötzlich und ganz nah,
ein Riesenmonster vor sich sah.

Es schwamm ganz langsam und bedächtig,
der Schatten den es warf war mächtig,
drum hat der Mann die Flucht ergriffen,
doch es wurd' ihm nachgepfiffen.

»Ach bitte, bitte, bin noch klein,
ein Drache muss halt riesig sein,
warum hält's denn keiner aus bei mir?,
ich bin doch gar kein Monstertier.«

Er blickt zurück und kann erkennen,
das arme Tier, das tut ja flennen.
Dabei vergaß er glatt das Lachen
und auch ein scharfes Bild zu machen.

Nun hat er keinerlei Beweise,
darum verdrückte er sich leise,
denn alles ist umsonst gewesen
und verursachte nur Spesen.
Deshalb:

Willst du »Nessi« nochmals jagen,
vergiss sie vorher nicht zu fragen,
ob du darfst Fo-to-gra-fie-ren,
sonst wirst du dich erneut blamieren!

Spitzengespräch

Zwei Bübchen unterhalten sich ohne Scheu,
welches Spitzchen wohl länger sei?

»Meines ist ganz klein und niedlich«

»Mein's dagegen unterschiedlich.«

Der Philatelist

Sein Liebesleben lag im Argen,
denn er hat nicht einmal Briefmarken,
die er der Frau als braver Mann
in seiner Bude zeigen kann.

Demnach muss er überlegen,
wie er das Fräulein kann bewegen,
ihn trotzdem heimlich aufzusuchen,
»ich brauche Sekt«, hört man ihn fluchen.

Im Supermarkt dort angekommen,
hat den Erstbesten er genommen
den er fand in den Regalen,
doch er stutzte beim Bezahlen.

Es wurde ihm ganz kalt und heiß,
als er sah den hohen Preis.
Das erschien ihm sehr viel Geld,
drum hat er ihn zurück gestellt.

Doch er hatte großen Dusel,
denn er entdeckte einen Fusel,
dessen Preis er konnt' vertreten
(um zu Sparen nimmt er jeden).

Er kredenzt ihn seiner Schönen,
doch die rief: »zum Abgewöhnen…«,
packte schnell die sieben Sachen,
da verging ihm doch das Lachen.

»Ach hätte ich nicht so gegammelt
und doch Briefmarken gesammelt,
dann bräuchte ich mich nicht zu schämen,
und könnte sie in die Arme nehmen.

Er träumt von vielen langen Küssen,
auf die er wird verzichten müssen,
denn könnte ihr Gefühl erstarken
bei eingeklebten Wohlfahrtsmarken?

Deshalb hat er sich entschlossen:
»ich sammle weiter unverdrossen
und erwarte erst den Kuss,
hab ich die blaue Mauritius.«

Arbeitsverweigerung

»Maler, porträtiere mein Gesicht!«
»Nein, mein Freund, das tu ich nicht!«
»Ich frage Sie, weshalb, warum?«
»Ihre Nase ist zu krumm.

Außerdem vergeude ich keine Farbe
zu dem Zwecke,
zu malen Ihre Tränensäcke.«

Deshalb der Nichtgemalte spricht:
»ist OK, dann eben nicht!«

Selbstbewusst

»Gerade hab ich noch gestillt,
jetzt sind die Windeln prall gefüllt«,
klagt die Mutter sehr empört,
doch Väterchen hat's nicht gestört.

»Alles muss ich selber machen«,
das bringt den Gatten nur zum Lachen:

»Ich bin ein Mann in allen Ehren
und brauch nicht Windeln zu entleeren,
ich bin nur bei der Zeugung gut,
hab' mit Vaterpflichten nichts am Hut.«

Schwere Entscheidung

Die fesche Maid in hübscher Tracht
hat sich zum Kirchgang aufgemacht,
sie möchte keine Zeit vergeuden,
weil sie schon hört die Glocken läuten.

Der Pfarrer steht schon da und wartet,
drum ist sie kräftig durchgestartet,
um schnell die Kirche zu erreichen,
ein solcher Spurt sucht seinesgleichen!

Ein Jüngling, der am Wege stand,
in Lederhosen, Trachteng'wand,
der sieht tatsächlich nicht so aus,
als wolle er ins Gotteshaus.

Die fesche Maid schaut ganz verdattert
und ihr kleines Herzchen flattert,
denn sie glaubt genau zu wissen,
dass der Jüngling sie will küssen.

Den Pfarrer sieht sie zwar noch winken,
doch ihre Absichten die sinken
an der Messe teilzunehmen
und sie begann sich auch zu schämen.

Sie schwankt, ob in der Kirche sitzen
oder ihr kleines Mündchen spitzen,
um den Freier zu betören,
da würd' der Kirchenbesuch nur stören.

Kurzerhand hat sie entschieden:
»der Jüngling wird mir Besseres bieten«
und in den Augen blinkt ein Leuchten:
»ich kann die Sünde später beichten!«

Wahrheit

Was wäre, wenn wir an allen Tagen,
uns unverblümt die Wahrheit sagen?
Dann würden oft die Fetzen fliegen,
mein Vorschlag: »bitte weiter lügen.«

Einen Kopf kürzer

Ein Dieb saß da mit finst'rer Miene,
draußen steht die Guillotine,
die ihn demnächst privat erwartet,
sobald der Henkersmann das Messer startet.

Die Klinge wird sich auf ihn stürzen,
um ihn einen Kopf zu kürzen,
der dann sicher, wie bestellt,
in ein kleines Körbchen fällt.

Da liegt der Dieb ganz ohne Schädel,
doch so gefällt er keinem Mädel,
drum soll er vorher überlegen,
dass ihn nur Frauen mit Köpfchen mögen.

Es tickt

Wenn der Geigerzähler tickt,
ist der Atom-Erstschlag geglückt,
denn dieser misst exakt die Strahlen,
die mit dem Leben wir bezahlen.

Im Beichtstuhl

Im Beichtstuhl sitzt ein alter Sünder,
er beichtet alles – es ist Winter.
Zur Reue ist er gern bereit,
denn es naht die Weihnachtszeit.

Dem Priester wird er nun verkünden
seine angestauten Sünden,
denn so zum nahen Weihnachtsfeste
braucht er eine weiße Weste.

Vieles kann er ihm berichten,
von Lug und Trug und Frauengʼschichten,
der Priester lauscht, doch er blickt nur,
auf seine goldʼne Armbanduhr.

»Das Zuhören ist eine Strafe
und dabei bin ich der Brave«,
denkt der Priester und tut gähnen
(das kann man ruhig mal erwähnen).

Nachdem der Beichtling dann geschwiegen,
muss er eine Buße kriegen,
die ihm der Priester wird verkünden
und ihn befreit von allen Sünden.

Er ist nun glücklich und zufrieden,
hat alle Sünden streng gemieden:
Er ist nun keusch auf jeden Fall,
zumindest bis zum Karneval.

Ritterspiele

Fürst Sygmund lud zum Ritterspiele
und siehe da, es kamen viele,
denn jeder möchte Sieger sein
beim Kampf um Sygmunds Töchterlein.

Sein Pferd wird nun der Ritter schmücken,
um Adelheiden zu entzücken,
und außerdem will er auch siegen,
statt vor der Maid im Staub zu liegen.

Da, es klingen die Fanfaren,
die Ritter rotten sich zu Paaren,
um zum Kampfe anzutreten
(jeder kämpft nun gegen jeden).

Die Adelheiden geht zur Brüstung,
sieht Ritter Mertin in der Rüstung
und denkt dabei: »ob dieser Mann
wohl das Turnier gewinnen kann?«

Das gibt ihr einiges zu denken,
doch sie muss ihr Tüchlein schwenken,
damit der Kampf kann nun beginnen,
die Zeit vergeht, die Minuten rinnen.

Die Pferde scharren wild im Sande,
verlieren, das wär eine Schande,
deshalb wird man alles geben,
weil jeder Ritter hängt am Leben.

Adelheiden schaut recht bitter,
sie wartet auf den Lieblingsritter,
welchen sie zum Startpunkt führen,
sie wird ein innig Beben spüren.

Da, das Horn ist nun erklungen
und Adelheiden ist aufgesprungen,
um ihrem Ritter samt der Mähre
zu erweisen alle Ehre.

Der Start ist wunderbar gelungen,
der Gaul ist wie ein Reh gesprungen,
ja, er ging dabei aufs Ganze,
doch da droht Unheil mit der Lanze.

Der Gegner, der ihm gegenüber,
stieß seine Waffe zu ihm 'rüber,
um Ritter Mertin aufzuspießen
und ihm sein Leben zu vermiesen.

Das Unheil hat den Lauf genommen
und Mertin spürt nur noch verschwommen,
wie er wird vom Pferd gerissen,
ja, seine Lage war beschissen.

Der Auserwählte lag im Sande,
»oh«, meint Adelheiden, »welche Schande«,
vorbei ist es mit dem Vermählen,
als man begann ihn anzuzählen.

Sygmund tat, man kann sich's denken,
ohne Gnad' den Daumen senken.
Ein kurzer Stoß – der Sand errötet,
weil Blut floss, als man Mertin tötet.

Adelheiden war verbittert,
denn es hat sich »ausgerittert«,
sie sucht sich nur noch einen Mann,
der ohne Pferd gut reiten kann.

Gesunde Ernährung

Das Fräulein Maier isst vegan,
das sieht man ihr auch deutlich an,
denn das Fleisch von Rind und Kuh
sind für das Fräulein stets tabu!

Auch nie ein Steak vom fetten Schwein
schiebt die Jungfer in sich rein,
und auch ein schönes Wiener Schnitzel
bereitet ihr keinen Nervenkitzel.

Selbst bei einem Hühnerei
macht Fräulein Maier ein Geschrei,
sogar ein Würstchen aus der Bude
isst sie niemals, uns're Gute.

Darum wird sie halt sehr lange leben,
doch ist das wirklich ihr Bestreben?
Lang ist des Verzichtes Liste,
drum fährt sie später in die Kiste.

Der Schützenkönig

Herr Hurtig bekam den Vereinspokal,
deshalb die Stimmung hoch im Saal,
alle riss es spontan von den Sitzen,
denn er ist ein König – König der Schützen.

Natürlich wollen ihn alle sehr loben
und Hurtig fühlte sich deshalb ganz oben,
doch ahnt er bereits in dieser Stunde:
»Die wollen nur eine Weißbier-Runde!«

Er nahm voll Freude die Trophäe
und hoffte, dass sie jeder sehe,
drum hob er sie auch weit nach oben
und der Saal begann zu toben.

Am nächsten Tag, da war zu lesen,
was er für ein Held gewesen,
er meint, dass er Geschichte schreibe
(nur wegen Löchern in der Scheibe?).

Lebenslust

Gevatter Tod stand auf der Matte,
weil er einen Auftrag hatte.
Den Gschwandner Sepp, den soll er holen,
seine Seele bereits hat er gestohlen.

Der Sepp meint: »blöder Tod, ach weiche,
ich bin noch lange keine Leiche,
ich bin noch lang kein altes Eisen,
frag meine Frau, die kann's beweisen!«

Das tat den Tod sehr konsternieren,
weil ihm so etwas muss passieren,
drum machte er eine Absatzwende
und meint:
»Muss ich halt warten, bis auf sein Ende.«

Die stolze Henne

»Kikeriki, kikerikei, kommt schnell herbei«,
so kräht der Hahn, »ich habe ein Ei
und darauf bin ich wirklich sehr stolz«,
die blöde Henne, die meinte: »was soll's«.

»Du fummelst doch rum an allen Hennen,
tust ständig mit einer anderen pennen,
das Ei, das ist nicht ein Kind deiner Liebe,
nein, nur das Ergebnis all deiner Triebe.«

Und das Hühnchen beginnt arg zu toben:
»pfui, du hast es mir untergeschoben
und dafür soll ich es dir noch ausbrüten?«,
und noch viel extremer wird jetzt ihr Wüten.

»Das Ei werde ich nicht anerkennen,
da kannst du jammern und auch flennen
und auch blöd aus der Wäsche rausschauen,
ich werde den Bankert für ein Omelette in die Pfanne hauen!«

Ursus und Ursula

»Wer stampfed mit schweren Schritten daher?,
das ist bestimmt Ursus, der ganz wilde Bär,
drum muss ich mich wohl hinter den Hecken
ruhig verhalten und sehr gut verstecken.«

»Da, ich spür den Atem der Bestie schon sehr,
Ursus sammelt Beeren, denn sein Magen ist leer«
dachte ich und begann schon zu beten,
denn Ursus, der Bär, der frisst einfach jeden.

Ich glaubte der Tod erwartet mich hier,
da rief eine Stimme:»ich hab kein Papier«.

Auf gut Alemannisch rief ich: »wer bisch?«,
»Ich bin doch die Ursula und sitz' im Gebüsch.«

Zwiegespräch

Der Teufel:
»Na alter Sünder, hab ich dich endlich – jetzt bist du hier!«
Der Verdammte:
»Aber ich bin nur bei dir – weil ich im Himmel so frier.«

Der ewige Durst

Der Rotwein strahlt ihm ins Gesicht,
»soll ich, oder soll ich nicht?«,
meint der Mann mit der blauen Nase
und stiert nach seinem Rotweinglase.

»Ach, ich könnt' noch was vertragen«,
hört man ihn zu sich selber sagen,
und so macht er sich den Spaß
und erhebt sein volles Glas.

Das edle Nass, das ihm so mundet,
ist seinem großen Durst gestundet,
drum nimmt er es nicht so genau,
sonst wär die Nase nicht so blau.

Selbstmitleid

»Ich könnte weinen,
ich bin geplagt von Gallensteinen!«

»Auch ich krieche auf allen Vieren,
ich habe Steine in den Nieren!«

»Und ich bin der Ärmste von euch allen,
mir ist ein Stein auf den Fuß gefallen.«

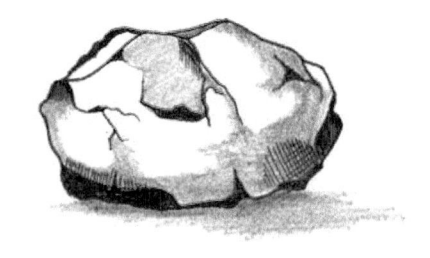

Ein gutes Buch

Manchmal zieh' ich mich zurück,
um ein Buch zu lesen.
Und dieser kurze Augenblick
ist kostbar stets gewesen.

Ich lese manches mit Entzücken,
vergesse dabei Raum und Zeit.
Ich lass mich innerlich entrücken,
vergessen wird so Last und Leid.

Ein Buch, das sollte man bedenken,
ist stets ein lieber, guter Freund.
Es kann uns wahre Weisheit schenken
und sagt uns <u>schriftlich</u>, was es meint.

Wer's glaubt

Sein Horoskop, das er gelesen,
ist nicht sehr positiv gewesen,
denn schnell nach unten ging sein Blick,
bei Liebe, Ehe und auch Glück.

Die Gesundheit, so im großen Ganzen,
war besser noch als die Finanzen,
deshalb war auch sein Befinden
in der Stimmungs-Skala ganz weit hinten.

Sportlich sei er etwas träge,
da er sich fast kaum bewege
und deshalb soll er Klimmzüg'
machen!
Da verging ihm gleich das Lachen.

Drum wird er niemals mehr sich trauen,
in sein Horoskop zu schauen,
und er meinte deshalb prompt:
»Es kommt ja eh schon wie es kommt!«

Der neue Wagen

Sein Auto muss er reparieren,
weil es tat viel Öl verlieren,
drum ist zur Werkstatt er gefahren,
die er aufsucht schon seit Jahren.

Der Chef des Hauses prüft die Lage:
»da kommt ein Neukauf nur in Frage«,
meint er lakonisch ohne Zaudern,
den Kunden überzog ein Schaudern.

»Woher soll ich die Kohle nehmen?
Ich bin zu arm, ich muss mich schämen!«
Da meint der Händler: »keine Sorgen,
ich werde die Knete Ihnen borgen.«

So fährt er nun den tollsten Schlitten,
doch hat der Teufel ihn geritten,
weil er muss Wucherzinsen zahlen,
die ihm bereiten große Qualen.

Den Wechsel*, den er muss begleichen,
ließ ihn das rote Blut entweichen,
denn er musste sich das fragen:
»Wovon leb' ich in vierzehn Tagen?«

Traurig sitzt er hinterm Steuer,
denn alles ist ihm viel zu teuer
und auch der Nachbar meint: »jetzt spinnt er,
der braucht doch keinen Sechs-Zylinder.«

*Dieses Gedicht stammt noch aus einer Zeit, als die Kreditzinsen sehr hoch waren und damals auch das Zahlen per Wechsel durchaus üblich war.
(Nicht zu verwechseln mit den Wechseljahren!)*

Gefallen

»Neulich bin ich hingefallen,
vor Schmerzen konnt' ich nur noch lallen,
doch es ist für mich zum Weinen,
denn interessieren tut es keinen.«

»Du darfst vor Kummer nicht verzagen,
drum höre auf, so laut zu klagen.«

Darum muss man hier beachten:

»Das Interesse bekommst du erst,
wenn du ein gefallenes Mädchen wärst.«

Träume

Fällt das Laub von Tannenbäumen,
wirst du höchstwahrscheinlich träumen.
Und im Traum kann's auch passieren,
dass Eichenbäume ihre Nadeln verlieren.

Der Fakir

Der Fakir auf dem Nagelbrett,
es gerne viel bequemer hätt',
deshalb fände er es nett,
man legt ihn in ein Himmelbett.

Da würde er im Schlaf frohlocken
und anstatt auf Nägeln rumzuhocken,
könnte er sein Bett genießen,
doch er ist Fakir – er muss büßen!

Die Ellipse

Die Ellipse sagt: »Ich weiß,
ich bin kein Rechteck und kein Kreis,
doch man kennt mich allemal,
man sagt von mir, ich sei oval.«

»Ich bin nicht schräg und nicht quadratisch,
doch in der Werbung stets sympathisch,
denn manches Logo nebenbei
ziert mein ovales Konterfei.«

»Wer mich berechnet mathematisch,
weiß, die Lösung ist nicht immer statisch,
denn Schüler rechnen meist flexibel,
das ärgert Lehrer – die penibel.«

Weil stets der Weg zur Lösung schlaucht,
fragt sich der Schüler: »wer das braucht?«,
Mathematik tut alle geistig irritieren,
die sie nicht freiwillig studieren.
Doch die Ellipse wehrt sich:

»Ich bin sehr wichtig – kann's beweisen,
sogar Monde und Planeten kreisen
in unendlich weiter Ferne,
in meiner Form um ihre Sterne.«

50 - 20 = 30

Fahr ich mit **50** Sachen am Kindergarten vorbei
ertönt der Mütter lautes Geschrei:

»Wie ein Idiot rast er und gefährdet die Kinder,
sieht der nicht das Schild, ist das ein Blinder?«

Schleich ich mich jedoch mit **20** heran
bemerken die Mütter: »Was will dieser Mann?
Der sucht sich ein Kind aus, von dem er was will,
der Mann ist gefährlich – der ist pädophil!«

»Einen solchen Kerl, den sollt' man kastrieren,
bevor wir die Kinder für immer verlieren,
der gehört weggesperrt, krank ist der Mann,
wir sind nicht mehr sicher, legt Ketten ihm an.«

Fazit:
Ich fahr nun korrekt, denn eines, das weiß ich:
»ich möchte nicht auffallen, ich fahre strikt **30**«.

Smartphone

Ein Smartphone nennt er nun sein Eigen,
damit kann er es jedem zeigen,
dass er ist technisch fit und trendig
und zu erreichen immer und ständig.

Ein »WhatsApp« ließ er sich einrichten,
so kann er stets schriftlich alles berichten,
was er der Menschheit zu sagen doch hätt',
ein solches Wunder, das gibt es im Chat.

Freund oder Feind kann er nun schreiben,
oder lässt es einfach bleiben,
er kann ehrlich sein oder auch lügen,
dass sich vor Scham die Balken durchbiegen.

Sogar ein Foto kann er nun machen,
auf welchem dümmste Fratzen blöd lachen,
doch darf er nicht aus den Augen verlieren:
ER KANN DAMIT AUCH TELEFONIEREN!

Der Held

Man band ihn an den Marterpfahl,
dort erlitt er Höllenqual,
denn man tat seine Füße kitzeln
(darüber sollte man nicht witzeln!).

Ein feiner Herr

Er hat sie, das ist ungelogen,
mit seinen Augen ausgezogen,
doch äußerlich wahrt er den Schein,
er ist ein Kavalier, kein Schwein.

Am Strand

Ein Mädchen lief ganz »Oben ohne«,
durch den Sand der Insel Sylt,
man sagte, dass es sich sehr lohne,
sie anzusehen unverhüllt.

Der junge Mann, der sie erblickte,
schaute näher sie nicht an,
ihm gerne dieses Kunststück glückte,
er mag kein Fleisch, er lebt vegan!

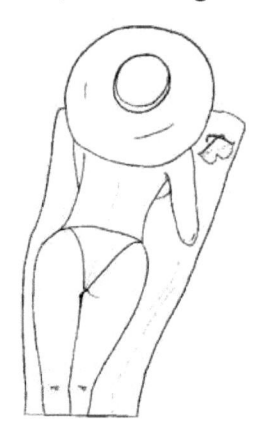

Vaterfreuden

»Vater, heut nimmst du die Kinder,
geh spazieren – alter Sünder
und mache ja nicht viel Sperenzchen,
man erwartet mich zum Kaffeekränzchen.«

Der Vater, der schon längst geschieden,
ließ sich so etwas nicht bieten,
denn keiner darf ihn kommandieren,
sonst tut die Fassung er verlieren.

Die Kinder hüpfen auf vor Freude,
denn ihr »Vatertag« ist heute,
und das ist nicht unbegründet,
weil Papa Zeit heut für sie findet.

»Wir gehen gerne in ein Kino,
da läuft ein Film mit einem Dino«,
meint der Knabe, das wär fein,
und artig nickt sein Schwesterlein.

Der Blick der Gattin raubt den Frieden
(nicht umsonst ist er geschieden).
»In ein Kino, muss das sein?
Die Kinder sind ja noch zu klein.«

»Seid auch brav und folgt beflissen«,
ließ sie noch die Kinder wissen,
doch keiner hat das mehr gehört,
weil Mutters »bla, bla, bla« nur stört.

Nun nimmt der Vater seine Schätzchen,
kauft Karten für die vorderen Plätzchen,
doch die Kinder wollen zum Entsetzen
des Vaters, sich auf die Empore setzen.

»Nein, ihr Kinder, ich euch biete,
Rasiersitz mit 'ner Popcorntüte,
und wenn es sein muss, noch 'ne Brause,
dann geht's euch besser als zuhause!«

Doch ein Blick in die Gesichter
(das rührte sogar sehr den Dichter)
ließ doch Vaters Herz erweichen,
und das war ein gutes Zeichen!

»Dreimal Balkon und drei Tüten«,
die Kinder waren hochzufrieden,
und als noch Cola er gespendet,
der Kinderjubel kaum noch endet.

Meistens sind es Kleinigkeiten,
die dem Nachwuchs Spaß bereiten,
denn sie werden nicht vergessen,
wer sie verwöhnte, oder wer beim
Kaffeekränzchen ist gesessen!

Frisch gewählt

Jetzt endlich ist er Herr im Hause
und sonnt sich gerne im Applause,
und sie klatschen immer dreister,
denn er ist jetzt ihr Bürgermeister.

Die Gattin, die ihn hat begleitet,
wird von allen jetzt beneidet,
und vor Freude tut sie flennen,
sie wird sich jetzt »First Lady«
nennen.

Jeder muss sie so begrüßen
und gerne liegen ihr zu Füßen.

Doch hat das Weibsbild nicht
kapiert,
dass ihr Mann (und nicht sie) die
Stadt regiert?

Ansichten

Karl ist reich an Lebensjahren,
darum will er nicht mehr sparen
und sein Geld mit Frau'n
verprassen,
darum wird man ihn noch hassen.

Eine Reise in die Alpen
mit zwei jungen
Bordsteinschwalben,
die ihn vor Freude fast entmannen,
würde ihn total entspannen.

Mit dem Schiff zur fernen Insel
will er nicht, der Einfaltspinsel,
lieber zur Norderney zum Kuren
mit zwei polnisch-deutschen
Huren.

Ägypten mit den Pharaonen
sind für Karl ganz fremde Zonen,
denn hier bekommt er auch nicht
Jede,
darum besucht er Nofretete.

Auf Hawaii im Palmenhaine,
kriegt der Kurt schon wieder keine,
was helfen Knete und Moneten,
so entschloss er sich zu beten!

An der Pforte zu den Frommen
sah man den Karl von Weitem
kommen,
doch man möchte ihn nicht haben,
denn hier gibt's schon genügend
Knaben.

Da sein Ruf sich rumgesprochen,
will er nach Grönland ein paar Wochen
und sich zu paaren mit den *Grönen,
die ihn dann hoffentlich verwöhnen.

*(Grönländerinnen, Inuit oder Eskimose
hätten sich nicht gereimt)

Eine Schwäbin zu entehren,
würde sich er ganz entbehren
und eine junge Frau aus Baden,
nein, das wär zu seinem Schaden.

Drum wird vor Kummer er entscheiden,
in Zukunft Weibersleut zu meiden
und sich jetzt endlich überwinden,
im Altenheim sich einzufinden.

Gedanken sind frei

Manchen Gedanken verwerfen,
wird man wohl noch derfen*,
vieles darf man niemals schreiben
und muss deshalb verborgen bleiben.

Manches, was man hat verkündet,
stets auch Widersacher findet,
darum rat ich IHM und rat ich IHR:
»bring es niemals zu Papier«.

*(Das ist Alemannisch,
im Hochdeutschen heißt es:
dürfen!)*

Sag's mit Blumen

Er hat es sich fest vorgenommen,
mit einem Rosenstrauß zu kommen,
um seine Liebe zu bekunden,
doch er hat keinen Blumenshop gefunden.

Deshalb ging er auf die Wiese
und pflückte für die Anneliese,
blaue Veilchen und auch Mohn,
denn sie erwartet einen Sohn.

Ob er der Vater dieses Knaben,
wird er kaum bezweifelt haben,
denn sonst würde er vor allen Dingen
ihr nur einen Kaktus bringen.

Ein frommer Wunsch

»Lieber, lieber Wellensittich,
lass dich fressen, ach ich bitt' dich«
meint die Katze ganz verschmitzt,
die hungrig vor dem Käfig sitzt.

Der Sittich denkt: »du blödes Vieh,
mich zu fressen kriegst du nie,
ich zwitschere jetzt nach einem Hund,
dann schlägt für _dich_ die letzte Stund.«

Zucker und Zimt

Frau Charlotte Maier nimmt
für den Milchreis zu viel Zimt,
drum hat der Zucker sich beschwert:,
»das passt mir nicht – das ist verkehrt.«

»Man soll uns mischen wie man's kennt,
von dir, mein Zimt, nur zehn Prozent,
denn ich allein soll dominieren,
drum lass uns keine Zeit verlieren.«

»Komm, hüpf zu mir in meine Dose,
wir schütteln uns zur Symbiose,
was natürlich für uns spricht,
denn sonst gäb' es den Milchreis nicht!«

Auf gute Nachbarschaft

Die Nachbarn dreist den Hausherrn baten,
sie doch zum Essen einzuladen,
man könne dann dem Frohsinn frönen,
bei einem Essen, einem schönen.

Des Hausherrn Miene war versteinert,
was die Stimmung nicht verfeinert,
doch nach langem Überlegen
gab er zum Feste seinen Segen.

Die Gattin wurde angesprochen,
doch was Besonderes zu kochen,
deshalb hat sie sich entschieden,
ein Entrecôte hier anzubieten.

Vorab ein Süppchen mit viel Schnecken
dürfte allen prima schmecken,
dazu Weißbrot, sprich »Baguette«,
bestimmt 'ne edle Wirkung hätte.

Damit auch schmeckt der ganze Plunder
spendiert man einen Spätburgunder,
den man wollte dekantieren
und am Tische dann servieren.

Letztendlich dann zum guten Schlusse
dient dem vollendeten Genusse,
ein Sorbet mit feinsten Feigen,
von einem Schnäpschen ganz zu schweigen.

Die Nachbarn vornehm zu empfangen,
war der Hausherrin Verlangen
und so erklärt sie sich bereit,
anzuzieh'n ihr Abendkleid.

Der Prinzgemahl, der ebenbürtig,
kleidet sich genauso würdig
und zog dazu sehr passend an
seinen ausgedienten »Stresemann«.

Als die Gäste sind erschienen,
verzogen blitzschnell sich die Mienen,
denn Nachbars Dresscode – Gott bewahre,
entsprach exakt der 60er Jahre.

Die Gästin*, welche man geladen,
bewirkt gesellschaftlichen Schaden,
so stand die Stimmung auf der Kippe,
als diese auftrat wie Xanthippe.

*(ein herrliches Wort)

Doch höflich, wie in bess'ren Kreisen
wird man die Plätze ihnen weisen,
um das Mahl zu zelebrieren
und erst die Suppe zu servieren.

Das Entrecôte, das man kredenzte,
anscheinend nicht durch Zuspruch glänzte,
denn die Blicke sprachen Bände,
da man es nicht schmackhaft fände.

Beim Sorbet mit frischen Feigen
die Gäste wieder Leben zeigen,
denn man sah sie wieder strahlen
(sie müssen es ja nicht bezahlen).

Der Rotwein, der geholt vom Keller,
landete auf Nachbars Teller,
weil er sein Glas hat umgeschüttet
und dann gleich um ein neues bittet.

Die Tischgespräche, die man plante,
fielen aus, was man erahnte,
denn wegen großer Bildungsferne
parlierte deshalb man nicht gerne.

Als dann die Stunde X geschlagen,
tat man einen Vorstoß wagen
und bat die Nachbarn mit 'nem Lachen,
sie sollen sich auf den Heimweg machen.

Freundlich winkt man dann beim Geh'n,
und lügt zum Schluss:

»Ach wie war der Abend schön.«

Loreley

Wenn Loreley am Felsen singt,
die Schiffer sie zum Wahnsinn bringt,
anstatt am Fels vorbeizufahren,
schwärmen sie von ihren Haaren.

Sie winken wild dem kleinen Luder,
vergessen dabei Kurs und Ruder
und lassen ihren Kahn zerschellen,
so blöd sind nicht nur Junggesellen.

Die Hexe

Die Hexe in dem Hexenhaus
sieht in der Tat verheerend aus,
sie sollte besser sich ernähren,
als nur Kinder zu verzehren.

Sie sollte besser variieren
und auch Salate konsumieren,
damit sie lernt vor dem Verbrennen
noch gesunde Nahrung kennen.

Ein Kompliment

»Ach bist du ein zartes Ding,
beinah wie ein Schmetterling,
doch bist du mal ganz nah bei mir,
entpuppst du dich als Trampeltier.«

Die Memme

Er wartet auf den Degenstich
und klagt: »bitte, bitte, tu es nich,
denn das schmerzt mich fürchterlich
und so etwas ist nix für mich.«

Der Kugelschreiber

»Ich bin ein Kuli,
mit mir kann man schreiben
und wer das nicht will,
der lässt's einfach bleiben.«

»Mit mir kann man Bilder auch malen
und ankreuzen die richtigen Lottozahlen.
Natürlich eigne ich mich, auch falsche zu schreiben
und je nach Farbe der Mine kann bunt ich es treiben.«

Man kann mich erwerben und kann mich verschenken
und wahllos mich sammeln ohne zu denken,
doch nur für eines eig'ne ich mich nicht:
für ein K u l i-narisches Gericht.

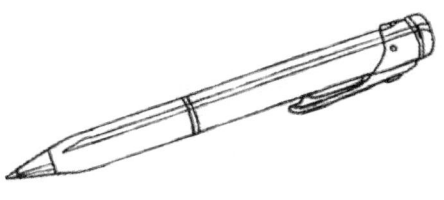

Zum Nachdenken

Brummt mein Schädel an Neujahr,
beginnt schon schlecht der *Januar*,
denn ich fühle mich nicht wohl,
das kommt vom Silvester-Alkohol.

Im *Februar* dann ohne zagen
trink ich an den Fastnachtstagen,
um die Sorgen zu zerstreuen,
später tu ich es bereuen.

Im Monat *März* dann geht es mir
schlecht vom starken Märzen-Bier,
welches man mir tat servieren,
oft schlich ich heim auf allen Vieren!

Kommt im *April* die Osterzeit,
macht mir ein Schnäpschen gerne Freud,
das ich genoss nach fettem Braten,
an Ostern nimmt die Leber Schaden.

Im *Maien* dann die Blumen sprießen,
da kann ein Bierchen ich genießen
und wunderbar werd' ich mich fühlen,
hör ich dazu die Musik spielen.

Im *Juni* wollte ich dann schmachten
und keinen Alkohol betrachten,
geschweige diesen noch zu trinken,
doch die Weizenbiere winken.

Im *Juli* ist mir Bier dann lieber,
das halbe Jahr ist schon vorüber,
drum muss ich manches Gläschen fassen,
die Stimmung steigt, drum hoch die Tassen.

Kommt der *August* zum Urlaub machen,
da möchte ich feiern und viel lachen,
drum ist bestimmt nicht das Verkehrte,
zu missachten meine Leberwerte.

Tut es dann im *September* kühlen,
muss ich die Nieren kräftig spülen
vom Alkohol den letzten Rest,
denn auf geht's zum Oktoberfest.

Steigen im *Oktober* die Nebelschwaden
könnt ein Bierchen mir nicht schaden,
damit ich kann mich wieder leiden,
denn meine Stimmung ist besch.....eiden.

Im *November* dann Besuch der Gräber,
Grund für eine Kur der Leber,
denn das Leben, wie man sieht,
auch ohne Rausch vorüberzieht.

Zieht der *Dezember* dann ins Land,
trifft man mich oft am Glühweinstand,
um dann Silvester zu erwarten,
und ich kann wieder mit dummem Kopf ins Neujahr starten.

Kurz und bündig

Geistig hat er überwintert,
was ihn kaum am Diskutieren hindert.
Doch die meisten merken's nicht,
die sind so blöd wie dies' Gedicht!

Sparsam

Er wollte an vier Reifen sparen,
deshalb wollt' er Dreirad fahren,
doch dieses Fahrzeug ist sehr selten,
da hilft kein Jammern und kein Schelten.

Da wäre es doch wundervoller,
wenn er fährt 'nen Motorroller,
denn dann braucht er nur zwei Reifen
und könnte auf den Dritten pfeifen.

Steinhart

Gedichte, die die Welt nicht braucht

8. Buch

Die Kuh

Wenn die Kuh im Stalle steht
und der Südwind um ihr Euter weht,
dann hat der Schweizer seinen Spaß:
»Des git en wunderbare Chas.«

Doch weht der kalte Wind von Norden,
und das Euter ist eiskalt geworden,
dann dies dem Bauer gern gefällt,
weil auch der Hartkäs' bringt viel Geld.

Und bläst ein scharfer Wind aus Westen,
gibt's Käse nur vom Allerbesten,
und dieser ist auch sehr viel wert,
denkt nur an Brie und Camembert.

Käse isst man kaum im Osten,
weil dort die Melkmaschinen rosten,
drum ist der Käs' nicht zu genießen,
nur der Wodka wird in Strömen fließen.

Im Sarg

Er lag im Sarg ganz kalt und steif,
denn er war längst schon überreif
und sein Gestank war zum Erbarmen,
Kunststück, denn er lag im Warmen.

Doch dieses nur noch bis zum Morgen,
dann wird man ihn diskret entsorgen,
sodass er bald auf diesem Wege
zur ewigen Ruhe kommen möge.

Die Tombola

Zu einer Feier im Verein
muss eine Tombola halt sein,
denn durch Nieten und Gewinne,
der Zaster in die Kasse rinne.

Doch zuvor, da wird gesammelt,
was lange rumliegt und vergammelt,
doch jeder meint er gibt das Beste
für eine Tombola zum Feste.

Ist dann der Losverkauf im Gange,
ärgern viele sich noch lange,
denn was sie in die Hände kriegen,
lässt man besser einfach liegen.

Es sei denn, es wird damit glücken,
die nächste Tombola zu bestücken
und neu den Krempel dann verwenden,
so wird der Kreislauf niemals enden.

Der Gotteskrieger

Durch Dortmund schlich ein junger Mann,
diesen sprach ein Fremder an:
»Du Bürschchen, willst du über Nacht
über andere Menschen Macht?

Dann komm zu uns, dann bist du Sieger,
du wirst ein echter Gotteskrieger,
du wirst im Paradiese landen
und neidisch werden die Bekannten.«

Der junge Mann war guter Dinge,
dass er es endlich zu was bringe
und sehr erheitert war er nun:
»Ich nehme an, was ist zu tun?«

»Lass dir zuerst ein Bärtchen sprießen,
dann wirst du Ausbildung genießen,
kriegst einen Gürtel um die Lenden
und wirst als Märtyrer bald enden.

Du gehst unter die Menschenmassen,
die du gelernt hast eh zu hassen,
tust dann dein kleines Bömbchen zünden
und alle büßen für die Sünden.«

Der Jüngling war nicht sehr begeistert,
doch er auch diese Hürde meistert.
»Okay, dann werde ich halt sterben,
es geh'n noch mehr mit ins Verderben.«

So stand er nun mit Bart und Glatze,
um am vereinbarten Platze,
sich freudig in die Luft zu jagen,
den Bombengürtel tut er tragen.

Ein lauter Knall und viel Geschrei,
dann war's mit dem jungen Mann vorbei,
doch dieser blöde Vollidiot
riss zwanzig Menschen in den Tod.

Des Kriegers Mama war entsetzt,
als ihr Sohn total zerfetzt
lag in des Kaufhauses Passage,
groß war der Schreck und die Blamage.

So jammert sie in lautem Ton
über den verlor'nen Sohn.
Doch wer so ins Paradies will rein,
der muss ein großes Arschloch
sein.

Foto: Gesine Duffner, Triberg

Die Dichterfürsten

Goethe sprach zum Friedrich
Schiller:
»Wir brauchen endlich einen
Knüller,
wir könnten doch gemeinsam
dichten,
doch bin ich der Bessere –
mitnichten.«

»Ich habe meine Schillerlocke
und nebenbei noch meine
„Glocke"«,
meint der Schiller selbstbewusst,
da hat der Goethe lachen g'musst.

»Was willst denn du mit deiner
„Glocke",
ich mit meinem „Faust" frohlocke
und wie ich setzte hier ein Zeichen,
sucht in der Dichtkunst
seinesgleichen.«

»Ach Goethe, ich schrieb auch 'nen
Knüller«,
verkündete voll Stolz der Schiller.
»Ich prahle halt mit „Taucher-
Reimen",
von denen heut noch Schüler
träumen.«

Doch Goethe hat darauf entgegnet:
»Ich bin als Dichterfürst gesegnet
und schrieb den „Götz von
Berlichingen"«,
was Schiller tat in Rage bringen.

Ihn tat dieses G'schwätz verletzen:
»Muss doch der Alte immer hetzen,
auch ich habe meine Dichtergabe,
immerhin bin ich ein Schwabe.«

Doch Goethe kontert ganz verwegen,
ohne lang zu überlegen:
»Und ich, ich bin ein echter Hesse,
ich hau dir gleich was in die Fresse.«

Den Schiller tat der Spruch brüskieren,
als er den Goethe hört parlieren.
»Wir können nichts gemeinsam schreiben.«
Goethe: »Dann lassen wir es eben bleiben.«

In Weimar steh'n die beiden Gockel
nun vereint auf einem Sockel.
Hätt' man doch lieber den Genossen
Heinz Erhardt in Metall gegossen.

Die Welt muss deshalb d'rauf verzichten,
auf »Goethe-Schillersche« Geschichten.
Drum lieben wir heut Wilhelm Busch
und ehren ihn mit einem Tusch.

Wir können auch noch tiefer sinken
und ein kühles »Shakespeare« trinken,
dann sind dem Himmel wir so nah,
wie einst Romeo und Julia.

Im Aufzug

In ein Mehrfamilienhaus
bestellte man den Nikolaus,
welcher ist zu einer frommen
Familie mit Knecht gekommen.

Mehrere Etagen d'rüber,
mochte Luzia man lieber,
doch diese Frau besucht nicht jeden,
nur ihre Landsleute, die aus Schweden.

Nachdem man brav das Volk bescherte,
war es niemals das Verkehrte,
zu verlassen schnell das Haus,
ob Luzia, Ruprecht, Nikolaus.

Durch Zufall man sich später trifft,
zu dritt im stark verschmutzten Lift,
um sich nach unten abzuseilen,
jeder wollte sich beeilen.

Während dieser Fahrt im Schacht
hat man Gedanken sich gemacht,
wie es einem so ergangen
und ein Gespräch wird angefangen.

»Ich«, so sprach der Nikolaus,
»betrete nie mehr dieses Haus,
denn was mir heute widerfahren,
verfolgt mich noch in zwanzig Jahren.

Als ich erwähnte die Geschenke,
dachte Vater an Getränke,
um sich mit diesen zu verwöhnen
und sich die Birne vollzudröhnen.

Der lieben Mutter kam dagegen
des Vaters Zustand sehr gelegen,
denn sie konnte auch nur lallen,
dem Ehegatten hat's gefallen.

Den Kindern kullerten die Tränen,
denn während Vater, Mutter gähnen,
erhofften sie von mir, dem Klaus,
dass er packt die Geschenke aus.

Doch den Kindern musst' ich sagen,
ich hatte keine Lust zum Tragen,
drum habe ich nichts mitgebracht,
die Kinder haben nicht gelacht.«

Als dann der Aufzug weiter unten,
hat Luzia das Wort gefunden
und ebenfalls ihr Leid geklagt,
weil der Frust auch an ihr nagt.

»Der ganze Abend war versaut,
als ich als hübsche Lichterbraut
musste zwanzig Lieder singen
und mit Kranz um den Tisch rumspringen.

Das Hüpfen war für mich kein Klacks,
weil das heiße Bienenwachs
den Kranz versetzte schnell in Flammen,
ja, dieses Fest war zu verdammen.

Der Hausherr hat – das war verkehrt,
sein volles Whiskyglas geleert,
um, ich brauchte nicht zu bitten,
es mir auf den Kopf zu schütten.

Anstatt das Feuer auszumachen,
verging dem Mann sehr schnell das Lachen,
denn er tat's am eigenen Leibe spüren
Whisky tut den Brandherd schüren.«

So hörte man die Ärmsten klagen
und man braucht sie nicht zu fragen,
ob sie das Haus nochmals betreten,
geschweige denn, hier fromm zu beten.

Der Frühling kommt

Der Frühling kommt – und Blumenduft,
erfüllt des Märzens laue Luft.
Und zwar von Aachen bis nach Zwiesel,
ich rieche nichts – ich fahre Diesel.

Die Brille

»Ich bin eine Brille, doch mich trägt kein Gesicht,
was ich wohl bin? – ihr erratet es nicht.«
Doch einmal am Tage, ob früh oder spät,
merkt man, dass es ohne Brille nicht geht.

Ich habe Funktion und ich habe Klasse,
doch mich verschreibt niemals die Kasse.
Ich hab' nur ein Auge, das weiß jedes Kind,
weil Klobrillen stets einäugig nur sind.«

Das schlechte Zeugnis

Schüler:
»Ach Herr Lehrer, wie sind meine Noten?«
Lehrer:
»Ich bin ganz ehrlich, sie sind verboten!«
Schüler:
»Das ist aber schade, denn ich war bemüht!«
Lehrer:
»Doch es hat nicht geholfen, wie im Zeugnis man sieht!«

Der ängstliche Patient

»Hilfe, Herr Doktor, muss ich bald sterben?,
denn mit den Hufen scharren die Erben«,
meint der Patient auf der ›Rot-Kreuzen‹ Bahre,

»Nein«, meint der Doktor, »Ihnen bleiben noch Jahre.«

Der Kranke der jubelt aus ganzem Herzen,
vergisst seinen Kummer und auch seine Schmerzen.
»Das ist ja prima, da kann ich durchstarten
und meine Erben, die dürfen noch warten.«

Die Zeitungsente

Der Leser liest mit großem Schwung
aus der örtlichen Zei - tung,
was im Dorfe wird getrieben
und so wurde aufgeschrieben.

Der Redakteur mit seinem Wissen,
sitzt niemals auf dem Ruhekissen,
denn alles muss er der Welt verkünden,
was nicht alle lustig finden.

Am liebsten sind ihm die Skandale,
die gelesen werden alle male
und eine Schlagzeile – dick und fett
liest sich auch gut im Internet!

Der Redakteur beachtet stets beim Schreiben,
dass er muss bei der Wahrheit bleiben,
denn wenn jemand dies nicht fände,
schrieb er ja 'ne »Zeitungsente«!

Der Chefkoch

In der Hotelküche, da rätselt der Koch
und meint zu sich selber: »was koch ich heut noch,
was hatten wir lange nicht auf der Karte?,
ich auf einen Einfall nun warte.«

Er lief in den Kühlraum in voller Eile,
er dachte dabei an die uralte Keule,
welche tiefgefroren hier verschimmelt
und es von Bakterien auch nur so wimmelt.

Mit einem Griffe holt er sich den Braten,
»der eignet sich prächtig für Rinds-Rouladen«,
meint der Koch, welcher trägt am Kittel drei Sterne,
»die meisten essen doch Rindfleisch sehr gerne.«

Er schreitet zur Tat und er brät in der Pfanne
die edlen Rouladen, ganz ohne Panne,
welche gekonnt hat edel er gewürzt,
sodass der Gast sich gern auf sie stürzt.

Beim Verspeisen jubelt der Gast angemessen:
»das Beste was ich je hatte zu essen«.
Doch nur der Chefkoch, den man so lobt,
weiß, dass er für ›Magen-Darm-Probleme‹ ist erprobt!

Die Kehrwoche

In einem kleinen Ort in Schwaben,
dort, wo alle Leut' ihr Häuschen haben,
da wohnt Herr Griesgram mit dem Weibe,
nicht nur so zum Zeitvertreibe.

Es hat ihn bis hierher verschlagen,
denn er baut für Reiche teure Wagen,
und diese baut er wirklich gern,
sie sind für ihn ein guter Stern.

Obwohl er schuftet Tag und Nacht,
hat er es nicht zum Haus gebracht,
denn er wohnt im zehnten Stocke
(das hängt er nicht an die große Glocke).

Er wär zufrieden mit dem Leben,
tät es die Hausordnung nicht geben,
welche ihn tut streng ermahnen
und ihn fast wirft aus seinen Bahnen.

Straße kehren, Unkraut pflücken,
tut Herr Griesgram nicht entzücken
und auch die Treppe nass zu putzen,
ist für ihn wohl kaum von Nutzen.

Doch wenn er dieses hat vergessen,
brüllt Hausmeister Pfleiderer wie besessen,
denn er hasst Dreck und auch den Staub,
das stört Herrn Griesgram mit Verlaub.

Darum tut er ständig klagen,
»ich wollte bauen schöne Wagen
und nicht hantieren mit Schaufel, Besen,
in Baden wär das nicht gewesen!

Deshalb versuch ich neu mein Glück
und geh ins Badnerland zurück«.
Auch seine Gattin meint: »oh Graus,
wir ziehen hier in Schwaben aus.«

Doch es hat sich rumgesprochen,
auch in Baden gibt's Kehrwochen,
welche gefälligst von Jungen und Alten
akribisch sind auch einzuhalten.

Drum geht in Baden ihr ans Werk,
vergesst den Stress in Württemberg,
weil auch die Badner euch nicht schonen,
drum bleibt doch gleich in Schwaben wohnen.

Alles nur Sprüche

Als ich als Kind tat Sprüche klopfen,
meint Mutter: »An dem Kind ist Hopfen
und dazu auch das Malz verloren«,
drum gab es oftmals an die Ohren.

Oft hat Mama es ausgebügelt,
was ich an Sprüchen – auch geflügelt,
hatte meist als losgelassen,
man tat mich lieben und auch hassen.

Die Schule war mir meistens schnuppe,
ich klopfte Sprüche für die Truppe,
die Lehrer ließen den Rohrstock tanzen,
weil ich war Mittelpunkt des Ganzen.

Selbst im Alter – jederzeit,
bin ich für einen Spruch bereit,
und so tu ich öfters reimen,
ohne mich gleich einzuschleimen.

Mein Salär ist sehr bescheiden,
da braucht mich keiner zu beneiden,
denn meistens krieg ich armes Schwein,
vom Auftraggeber Flaschenwein.

Ab und zu gibt's auch Pralinchen
(damit füttert man Kaninchen)
und somit ist es abgegolten
(wenn's nicht gefällt, dann wird gescholten!).

Doch geht's an der Wahrheit nicht vorbei,
dass diese Kunst wohl brotlos sei,
man braucht dazu auch den Verstand,
das ist ja hinlänglich bekannt.

Trotzdem ist kein Dichter je verhungert,
der bitterarm in der Stadt rumlungert,
denn mit den Dichtern ist es so:
sie jammern meist auf Weltniveau.

Sauerkraut

Es sprach der Bräutigam zur Braut,
»ich esse gerne Sauerkraut«,
welche dieses schrecklich findet
und sich trotzdem an ihn bindet.

In Liebe ist sie ihm gewogen
(er hat sie ja noch nicht betrogen),
sodass sie nicht auf Dinge schaut,
die einmal leise, einmal laut.

Vor allem seine leisen Töne
verunsichern total die Schöne,
doch auch die Geräusche, die sehr laut,
verursacht halt das Sauerkraut.

So werden sie in Liebe schmachten
(er möcht' bei ihr gern übernachten),
doch die schöne Braut sagt »NEIN,
werde erst mal stubenrein.«

Der Bräutigam dumm aus der Wäsche schaut,
»oh du gottverdammtes Sauerkraut,
ich kann dich wirklich nicht mehr sehen,
drum muss es ohne dich jetzt gehen.«

So wurde neulich erst berichtet,
dass er auf Sauerkraut verzichtet,
und somit ist im Schlafzimmer –
ungelogen,
ein frisches Lüftchen eingezogen.

Die Liebe kann sich voll entfalten,
da er sein Versprechen hat gehalten,
denn in der Nacht, da jauchzt die Braut,
durch den Verzicht auf Sauerkraut.

Der Einkaufswagen

Um sich den Magen vollzuschlagen,
braucht man zuvor den Einkaufswagen,
welchen man mit Waren füllt,
damit man seinen Hunger stillt.

So stapeln sich hinter Gitterstäben,
ja man muss ja auch noch leben,
die Dinge die man möcht' erwerben,
vor Hunger soll ja keiner sterben!

Man braucht beim Einkaufen nicht sparen,
denn es gibt genügend Waren,
die man täglich, oder dann und wann,
im Supermarkt auch kaufen kann.

Doch nicht jeder kann's sich leisten
(und das betrifft die Allermeisten),
sich mit Edlem zu versorgen,
welches man wegwirft übermorgen.

Bevor zur Kasse man dann schreitet,
wird der Einkaufswagen auch beneidet,
denn jeder sieht ganz ungeniert,
was hinter Gittern er verbirgt.

Liegt dann die Ware auf dem Bande,
ist es durchaus keine Schande,
weil der Schampus, der vom besten,
steht konträr zu Speiseresten.

Der Ichmensch

Nur wer sich findet klug und schön,
kann unbesorgt durchs Leben geh'n.
Andere brauchen ihn nicht kümmern,
das würd' sein Feingefühl verschlimmern.

Nur er ist Mensch von Gottes Gnaden,
das ist nicht zu seinem Schaden
und nur sein Schicksal ihn bewegt,
ansonsten ihn kaum was erregt.

Er fühlt sich wie ein Mann von Ehre,
der bastelt an der Glücks-Karriere,
ohne sich um was zu kümmern,
was sein Leben könnt' verschlimmern.

Gelingt ihm was, dann kreischt er rum:
»Ich bin als Alpha-Tier nicht dumm,
nur ich kann viel für euch bewegen,
was die Erfolge auch belegen.

Um meine Ziele zu erreichen,
geh ich als Ichmensch über Leichen,
denn nur das kommt mir in den Sinn,
da ich ja Gott sehr ähnlich bin.«

»Doch lieber Ichmensch ich dir sage,
vorbei sind längst nicht alle Tage,
denn säufst du aus der Schnabeltasse,
gehörst auch du zur Durchschnitts-Masse.«

Die Primaballerina

Frau Krügers Tochter fänd es nett,
wenn sie dürfte zum Ballett,
denn eine Freundin, die sie kennt schon lange,
übt dreimal täglich an der Stange.

Die Mutter, die davon begeistert,
erklärt der Tochter wie man's meistert
und sie sieht bereits in naher Ferne,
das Töchterlein als Star der Sterne.

Sie sieht das Mädchen ganz recht wacker,
bei Tschaikowsky, dem „Nussknacker",
oder auch als tanzende Fee,
als Solistin bei dem „Schwanensee."

Mama tut zum Händler laufen,
um Ballettschuhe zu kaufen,
doch dieser muss den Kauf verneinen:
»Die passen nicht zu krummen Beinen.«

Die Tochter voller Scham errötet,
am liebsten hätt sie ihn getötet,
doch sie war sich stets im Klaren,
dass ihre Füß am schönsten waren.

Doch der Händler meint »ojeh,
krumme Füß beim Pas de deux,
das würde ganz bestimmt nicht passen«,
schnell begann sie ihn zu hassen.

Das Mutterherz das war gebrochen,
hatte sie zu viel versprochen?,
deshalb sprach sie zum Ehemann,
dass die Tochter Ballett nicht tanzen kann.

Dieser sprach jedoch pragmatisch,
da er eh etwas phlegmatisch,
dass seine Tochter, er fänd's toll,
im Sportverein »Kickboxen« soll.

Die Tochter musst nach Luft
schnell schnappen:
»hab ich doch einen blöden
Pappen.« (*Vater*)
und sie sich spontan entschloss,
»dann reite ich halt hoch zu Ross.«

Der Vater war darüber froh,
»deine Beine sind ja fast ein O,
die sich dann an das Pferd gut
schmiegen,
anderen Sport wirst du nicht
kriegen.«

Der Bauer

Der Bauer in dem Stalle schwitzt,
weil eine Milchkuh auf ihm sitzt,
denn auf das üppige Gewicht,
ist er wirklich nicht erpicht.

Die Kuh, die quetscht ihm seine
Rippen,
drum dringt nur Stöhnen von den
Lippen,
denn etwas tat besonders
schmerzen
und das ganz nah bei seinem
Herzen.

Der Melkeimer, aus hartem Blech,
nahm ihm die Luft ganz plötzlich
wech (*weg*),
doch trotz all diesem Schmerz,
wurde es ihm warm ums Herz.

Die Dinge, die den Bauer wärmen,
kamen aus den Kuh-Gedärmen
und so konnte der Arme baden
zwischen Melkkübel und Fladen.

Ob der Bauer mit dem Tode ringt,
weil die Kuh nicht runter springt,
ist nicht verbürgt, bei allem
Schaden,
doch wärmend wirkt der Milchkuh
Fladen.

Esskultur

Ja, er ist ein guter Esser,
isst mit der Gabel und dem Messer
und isst Spaghetti er im Leben,
lässt er sich einen Löffel geben.

Auch beim Trinken sowieso,
achtet er auf das Niveau
und trinkt er einen edlen Wein,
muss das Glas auch passend sein.

Hat das Essen dann gemundet,
ist es der Zahnpflege gestundet,
dass er, so hat er es gelernt,
die Speisereste schnell entfernt.

Er hält die Hand vor seinen Mund
und entfernt das halbe Pfund,
welches sich hat angesammelt,
denn seine Zähne sind vergammelt.

Was nützen dir die Tischmanieren,
wenn alle auf deine Zähne stieren,
drum nimm es hin, so wie es is',
kauf dir beim Zahnarzt ein Gebiss.

Der neue Anzug

Da er als Manager ist kaum allein,
muss er stets gut gekleidet sein,
er braucht 'nen Anzug maßgeschneidert,
was die Gattin nicht erheitert.

Sie weiß, dass er als Mann von Welt,
braucht für den Anzug sehr viel Geld,
zumal der Gatte etwas breit
und in der Taille extra weit.

Der Schneider, den man auserkoren,
hatte nicht viel Zeit verloren,
er nimmt das Maßband um zu messen,
darf das Notieren nicht vergessen.

Das Maß muss er korrekt erfassen,
damit Jacke und auch Hose passen,
denn, wenn dieses nicht ganz glückt,
es den Träger kneift und zwickt.

Nun muss der Mann die Gattin fragen
(denn diese hat auch was zu sagen),
welchen Stoff man soll verwenden,
meistens tut das böse enden.

Die Frau, die zu helfen ist gewillt,
achtet auf das weiße Schild,
das den edlen Stoff bepreist
und somit den Geschmack beweist.

Die Gattin wollte Nadelstreifen,
das konnt' der Gatte kaum begreifen,
denn dieser wollte präferieren,
dass große Karos ihn bald zieren.

Doch schließlich bekam die Gattin recht,
dass ein Streifenmuster wär nicht schlecht
und so war er bald überstimmt,
sodass er wie üblich doch Streifen nimmt!

Als dann die Stoffwahl war vollzogen
(die Gattin war dem Kauf gewogen),
kann der Schneider ohne ruh'n
in der Werkstatt seine Arbeit tun.

Es dauert länger als man denkt,
bis der Anzug auf dem Bügel
hängt,
doch nach drei Wochen war's
soweit,
denn Qualität braucht ihre Zeit.

Der Manager samt seinem Weibe
besuchen den Schneider in seiner
Bleibe
und als vor Glück die Augen
strahlen,
denkt die Frau schon ans Bezahlen.

Er schlüpft hinein - ist ganz gefasst,
doch der neue Anzug passt,
das freut den Mann und zollt der
Gattin Dank,
denn im Spiegel machen Streifen
schlank.

Hilferuf

Meine Frau, die ist verludert,
weil sie sich täglich schminkt und
pudert
und dazu noch unentwegt,
geile Seidenstrümpfe trägt.

Stundenlang ist sie im Bade,
sie kommt nicht raus – und das ist
schade.
Doch, wenn sie duftet wie zwei
Aale,
nähert sie sich dem Gemahle.

Dieser lässt sich schnell betören,
doch die Parfümwolken ihn stören,
denn er steht nicht auf Gerüche,
er sieht sie lieber in der Küche.

Zweifel

»Soll ich hinein, oder soll ich nicht?«,
die Frau vor der Kirche zu sich spricht
und ihre Zweifel sind sehr groß,
denn sie ist ganz nackt und bloß.

Ihr passierte ein Malheur,
denn sie hat keine Kleider mehr,
die abhanden ihr gekommen
(dabei gehört sie zu den Frommen).

»Was soll ich nun dem Pfarrer sagen,
ich höre ihn schon kräftig klagen
und mich des Tempels tut verweisen,
die Unschuld muss ich ihm beweisen!«

Sie schreitet langsam zum Portale,
gern würde sie mit einem Schale
ihre Blöße keusch verdecken,
doch nirgends konnt' sie sich verstecken.

Ihr zartes Klopfen ward vernommen,
der Priester öffnet – war benommen,
als seine Blicke sie erreichten,
die Dame rief: »Ich möchte beichten.«

»Mein Kind, komm in des Herrgotts-Schoß,
doch bitte nicht so nackt und bloß,
zieh dir doch deine Kleider an«,
die Dame meint: »Sofern ich kann!!«

Zur Beichte möchte ich jetzt schreiten,
doch die soll bleiben bei uns beiden,
meint die Dame und man ahnt,
dass sich im Beichtstuhl was anbahnt.

Der Priester lauscht den vielen Sünden
(hier wird er schwer 'ne Buße finden),
die die Dame hat verbrochen,
über zehn Jahre und vier Wochen.

»Die Kleider«, sagt sie zu ihm indessen,
»hab ich beim Fremdgehen vergessen,
leider tat mir das passieren,
beim Fliehen durfte ich keine Zeit verlieren.«

Der Pfarrer dachte: »Welche Schande,
die Kleider ließ sie ihm zum Pfande«,
doch er sprach sie von Sünden frei
(es war ja kein Ministrant dabei).

Um die Sache zu entschärfen,
hat die Dame nachher derfen *(dürfen)*
des Pfarrers Soutane tragen
(die Dame hörte auf zu klagen).

Der Veganer

Wer isst kein Rind und auch kein Schwein?,
das muss wohl ein Veganer sein,
auch keinen Fisch und keine Wurst
und auch kein Milch-Shake für den Durst.

Eier von den stolzen Hennen
will der Veganer auch nicht kennen,
auch der Honig von den Bienen,
widerstrebt ganz mächtig ihnen.

Dafür Salat und eine Möhre
wandern in die Speiseröhre,
doch von Obst und grünen Blätter
wird der Veganer auch nicht fetter.

Aber die Veganer lassen bitten
bei selbst gemachten Pommes
Fritten,
sofern dieselben mit Bedacht
sind mit Pflanzenfett gemacht.

Man kann Veganer gut erkennen,
wenn sie durch die Städte rennen,
denn die verbiesterten Gesichter
verblüffen sogar diesen Dichter.

Auch Veganer müssen sterben
und ihr Eigentum vererben,
drum ihr Veganer lasst euch sagen,
schiebt euch ein Schnitzel in den
Magen.

Der Sohn des Neffen

Hans, der Knabe eines Neffen,
wollte ein hübsches Mädchen
treffen,
darum hat er mit Bedacht
sich bis zum Anschlag hübsch
gemacht.

Er gab sich Mühe, ohne Frage,
verbessert »Pitralon-Duft« seine
Lage?,
wollte er von Mutter wissen,
diese nickte dienstbeflissen.

»Nimm die gelbliche Krawatte
(sie war die einzige, die er hatte)
und auch den Pulli mit den
Hirschen,
dann kannst du diese Frau
anpirschen.«

Den Ratschlag hat er wohl
vernommen
und ist zu dem Entschluss
gekommen,
dass dieses Outfit ihn beflügelt,
wenn er auch seine Hose bügelt.

Fürs Haar benutzte er Pomade,
auch hier war es für ihn sehr
schade,
denn diese roch wie Münsterkäse
oder Luft aus dem Gesäße.

So stand geschniegelt nun der Gute,
bis pünktlich kam auf die Minute,
die Dame, die er angebetet,
sein Gesicht war stark gerötet.

Die Nelken, die der Sohn des
Neffen,
mitgebracht zu diesem Treffen,
schienen nicht ihren Geschmack zu
treffen,
so war er halt, der Sohn des Neffen.

Zum Rendezvous bringt, statt ein Küsschen,
er Pralinen mit, mit sehr viel Nüsschen,
was der Dame gar nicht dunkte,
deshalb bekam er Minuspunkte.

Forsch hat er ihre Hand ergriffen
und formulierte wie geschliffen,
dass er verliebt sei bis zum Halse,
sie war verwirrt, ob diesem Schmalze.

Nachdem das Essen war beendet,
welches des Neffen Sohn gespendet,
sollte er zur Tat nun schreiten,
doch wie, darüber konnt' man streiten.

Die Dame, die er wollt' verführen,
tat von diesem Wunsch nichts spüren,
weil er sich ungelenk benommen,
so sah man schnell das Ende kommen.

Nach etwa drei bis vier Minuten
musste sich die Dame sputen,
denn sie hatte das Verlangen,
mit dem Sohn des Neffen nichts anzufangen.

Drum machen wir's, wie Nietzsche spricht:
»Gehst Du zum Weibe, vergiss die Peitsche nicht«,
und bring das Ding doch schnell zu Ende,
du hast ja zwei gesunde Hände.

Die vier Grafiken und Texte auf den Seiten 215 und 216 stammen aus unserem Dialekt-Wörterbuch »1000x Alemannisch«,

ISBN-Nr. 978-3-7504-1749-6

Der Bodschambr

Damit mer in de Nacht ka rus,
het mer en Bodschambr im Hus,
do hockt mer druf und losst es renne,
un ka hindedri gli widderschtpenne.

De Guller

De Gockel uf de Mischte hockt,
mit sinem Gschrei die Henne lockt,
un meint, dass er de Gröschte ischt,
blos weil er hockt uf sinem Mischt.

D'Suubloader

Des allerscheenste uf de Welt,
isch e Wiib des zu dir hält,
doch weh, du duesch mol ebbis mache,
dann schleet si zue,
der alde Drache.

De Bänklefurzer

Uf e me Bänkle hockt en Ma,
der sin Arsch nit lupfe ka,
denn er isch z´fuul un au no alt,
en echte Bänklefurzer halt.

Pandemie

Um diese Krise zu bestehen,
muss in den Supermarkt man gehen,
um sich mit Dingen zu versorgen,
die man braucht – man denkt an Morgen.

So wüten manche in Regalen
(als müssten sie das nicht bezahlen),
die nur das Einzige bezwecken,
sich mit Nudeln einzudecken.

Auch Dosen mit diversen Speisen
will man sich unter den Nagel reißen
und stapelweise bei sich horten,
ein Versteck gibt's allerorten.

Hier geht's ums nackte Überleben,
da braucht man einen Vorrat eben,
doch welcher – kauft man mit Bedacht,
auch den Nachbarn glücklich macht.

Sehr viele hamstern bis zur Kante,
es ist wirklich eine Schande,
wie manche sich so stur verhalten,
die denken kaum noch an die Alten.

Vor hundert Jahren – fast vergessen
hatte man in Deutschland nichts zu essen,
nicht einmal Brot mit harter Kante,
gab es damals hierzulande.

Heute ist das wohl vergessen,
heute schwelgen wir in gutem Essen,
welches ausreichend vorhanden,
keiner isst Brot mit harten Kanten.

So hat es sich im Land rumgesprochen,
dass bestimmt in wenigen Wochen,
die Hefe bestimmt knapper würde,
für Hamsterfreunde ist dies keine Hürde.

Man stürmt die Märkte, und zwar allerorten,
um die Hefe fürs Überleben zu horten,
und dies ist rasend bei uns nun geschehen,
dabei braucht man doch die Hefe zum Gehen!

Die Natur will, dass man nach dem Kauen,
muss das Gehamsterte später verdauen,
denn trotz der gefährlichen Krise
landet das Essen doch auf der Wiese.

Deshalb braucht man – ohne zu fragen,
Klopapier mit mehreren Lagen,
welches den Popo des Nutzers verwöhnt,
kein Lagerbestand, das wär doch verpönt.

Früher, noch in den sehr schlechten Zeiten,
gab es beim Klopapier gar nichts zu streiten
und auch das Hamstern war niemals die Frage,
man nahm die Zeitung vom vorherigen Tage.

Die Feuerwehr

Die Flammen züngeln wild umher,
deshalb rief man die Feuerwehr,
die dann löscht die Feuersbrunst,
für »Floriansjünger« keine Kunst.

Im fünften Stock quoll dicker Rauch,
doch leider war zu kurz der Schlauch,
denn derselbe, welch ein Schock,
reicht nur bis zum dritten Stock.

Viel zu hoch war das Gebäude,
das schockierte diese Leute
und deshalb blieb das Feuer brennen,
so konnt' man schnell ins Wirtshaus rennen.

Schiller/Stein

Gedichte, die die Welt nicht braucht

9. Buch

Neues vom See Genezareth

Jesus verbrachte einst ein Wunder,
er ging beim Wassermarsch nicht unter,
denn das Wasser hatte ihn getragen,
so war es halt in jenen Tagen.

Kein Wassertropfen netzt die Schuhe,
(man meint, sie lägen in der Truhe),
und trüge Jesus bunte Socken,
die ebenfalls noch wären trocken,
dann könnte er noch mehr frohlocken.

Die Revolverhelden

Mit drei Pistoleros aus dem Westen,
stand es nicht zum Allerbesten,
denn keine Kugel hat getroffen,
weil sie zu kräftig Bourbon soffen.

Drum hatten sie nicht viel zu schaffen,
als im Saloon, so wie die Affen,
mit den Revolvern rumzuknallen,
bis die Flaschen aus den Regalen fallen.

Früher, als sie noch gut trafen,
ob Indianer oder Sklaven,
durch die Kugeln, die sie verschossen,
hat mancher mit dem Leben abgeschlossen.

Eine Kugel und zehn Leichen,
taten ihnen noch nicht reichen,
drum hat der Sheriff nun befohlen,
man soll sich diese Strolche holen.

»Sie sollen nun am Galgen hängen«,
rief die Menge auf sein Drängen
und eine Meute voller Schützen,
wird dem finalen Showdown nützen.

Man sitzt zu Pferde mit den Waffen,
um einen Hinterhalt zu schaffen,
damit die Gangster, die das nicht sehen,
in die erwünschte Falle gehen.

So ist es gar nicht lang gegangen,
bis mit dem Lasso sie gefangen,
um sie zum Galgen hinzubringen,
das Sterbeglöcklein wird erklingen.

Die Schlaufen, die man hat errichtet,
die gibt es nicht, sie sind erdichtet
und auch ein Seil war nicht dabei,
das war nur die Story von Karl May.

Später Ruhm

Zollt man dem Dichter Ruhm und Ehr,
lebt er meistens längst nicht mehr,
er hat ins Jenseits sich geflüchtet,
bis jemand merkt: »Er hat gedichtet«.

Man hängt ans Wohnhaus Bronzeschilder,
hängt auf von ihm die schönsten Bilder
und zollt mit seiner Namensnennung,
posthum auch ihm die Anerkennung.

Oma sieht alles

Müllers trafen sich im engsten Familienkreise,
um zu berichten von der Reise,
die sie vor Kurzem unternommen,
und in der Karibik schwommen.

Voll Stolz der Schwiegersohn erläutert,
was sogar Oma sehr erheitert,
wie er einen Hai beim Schwimmen
mit seinem Schnorchel wollt' vertrimmen.

Seine Frau, die Kunigunde,
erwähnt in der illustren Runde,
dass der Gemahl, ganz ohne Faxen,
ist über sich hinausgewachsen.

Die Tränen konnt' sie kaum verdrücken,
tat doch dem Gemahl das Kunststück glücken,
doch Oma lacht lauthals auf dem Kanapee,
dass sie nur einen Hai aus Plastik seh.

Dem Schwiegersohn ist's nicht geheuer,
war doch der Urlaub richtig teuer
doch die Oma hatte recht,
denn sie sieht alles, nur nicht schlecht.

Das neue Auto

Ein neues Auto musste her,
denn das alte wollt' nicht mehr,
sodass er musst sich überlegen,
wie er sich wollte nun bewegen.

Einen Diesel, da war er sich im Klaren,
wollte er keinesfalls mehr fahren,
denn die Umwelt kommt zu Schaden,
denn er fährt zu oft nach Baden-Baden.

Auch elektrisch, was bezweckt,
erschien ihm doch etwas suspekt,
denn er sah sich schon als Deppen,
wenn Benzinautos ihn schleppen.

Ein SUV war ihm zu protzig
und schien ihm etwas hinterfotzig,
denn wenn die Allermeisten sparen,
muss er ein solches Schiff nicht fahren.

Der Hybrid, auf den er sich versteift,
schien ihm noch nicht ganz ausgereift,
darum war guter Rat auch teuer:
»Ich brauch kein Auto welches neuer.«

Also kam er zum Entschlusse,
ich nehme Bahn und auch die Busse
und auch das Fahrrad notfalls geht,
das in der Garage steht.

Frohe Ostern

In den Hinterhof-Mansarden
gibt es ganz selten einen Garten,
drum muss der Osterhase überlegen:
»Wohin soll ich die bunten Eier legen?«

So muss man sich damit begnügen,
dass diese unterm Sofa liegen,
sie liegen auch in Töpfen, Pfannen
und sogar in alten Kannen.

Doch die Reichen, wie Fürsten oder Grafen,
dürfen auf den Eiern schlafen,
denn unterm Bett liegt, glänzend neu,
von Fabergé* ein gülden Ei.

Als Fabergé-Eier werden Schmuckgegenstände in Form von Ostereiern bezeichnet, die zwischen 1885 und 1917 in der Werkstatt von Peter Carl Fabergé in Sankt Petersburg angefertigt wurden. Dabei wird unterschieden zwischen Prunkeiern, die im Auftrag des Zaren hergestellt wurden, und Auftragsarbeiten von Personen, die es dem Zaren gleichtun wollten.

Das Moped

1950 konnten sich die meisten
kein teures Zweitaktmotor-Moped leisten,
drum ist man gern in diesen Jahren,
zu Zweit meist durch die Stadt gefahren.

Die Menschen schauten oft verdattert,
denn so ein Ding hat stark geknattert

und der Gestank war ungelogen,
sehr langsam durch die Stadt
gezogen.

Die Umwelt war noch nicht
geschädigt,
somit war dieses gleich erledigt
und die Mädchen konnten's kaum
erwarten,
mit ihrem Freund gleich
loszustarten.

Der Freund, der meist mit
Zigarette,
zwei Mädchen mitgenommen hätte,
musste sich sofort entscheiden:
»Welche nehme ich von den
beiden?«

Doch klugen Köpfen ist's
gekommen
und haben beide mitgenommen,
so fuhr man mittags mit Renate
und abends schnappt man sich
Beate.
(Renate war schöner - und das war
sehr schade.)

Das Konto

Auf dem Konto Geld zu haben,
ist nur was für reiche Knaben,
denn so wie ich, ein armer Wicht,
sieht Geld auf seinem Konto nicht.

Ich werde es brauchen um zu leben,
(den Armen werde ich's nicht
geben)
und würd's bis Ultimo dann
reichen,
wär das schon ein gutes Zeichen.

Blumen zum Geburtstag

Fräulein Lilli zu verwöhnen
wäre doch ein hehres Ziel,
sie gehört nicht zu den Schönen,
doch für sie hab ich Gefühl.

So kaufte ich zum Ehrentage
ihr einen bunten Blumenstrauß,
der soll verbessern meine Lage
und ich geh später mit ihr aus.

Ich stand am Abend vor der Türe
und hatte doch ein klopfend Herz,
doch meine ganzen Liebesschwüre,
die halfen nicht, sie nahm's als
Scherz.

Traurig schlich ich nun von dannen,
in der Hand den Blumenstrauß,
ich verbuch das unter »Pech und Pannen«,
warum warf ich mein Geld hinaus?

Hätt' ich die Knete doch versoffen,
hätte ich nicht solche Pein
und keine Rechnung wär noch offen,
ich hasse dieses Mägdelein.

Nach dem Krieg

Als er aus dem Krieg gekommen,
hatte er ein hölzern Bein,
man hatte es ihm abgenommen,
ein Splitter fuhr ins Knie hinein.

So ward vom Krieg er überrumpelt,
doch er lebt zu seinem Glück,
das ist der Grund warum er humpelt,
weil ihm fehlt ein ganzes Stück.

Die Gattin hat ihn nicht vergessen,
doch sie war nicht immer treu,
dies hielt sie für angemessen,
doch dem Gatten war das neu.

Drum hat er sich zurückgezogen
mit seinem Bein aus Tannenholz.
Der Gattin war er zwar gewogen,
doch er behielt den Rest von Stolz.

Die Tabakdose

»Ich vermisse meine Tabakdose.«

»Meinen sie die mit der Rose
und der eleganten Namensgravur?«

»Genau diese such ich, doch ich hab keine Spur.«

»Ist sie aus Silber von edler Natur?«

»Ja, das ist die Dose, die sehr wertvoll und schön.«

»Nein, eine solche Dose hab noch nie ich geseh'n!«

Der Schönheitswettbewerb

Die Mutter stellt fest frank und frei,
dass die Tochter gut gewachsen sei,
denn sie hat aufgespritzte Lippen
und fast kein Fett auf ihren Rippen.

Die Größe stimmt und auch die Beine
sind formvollendet wie sonst keine,
sodass die Mutter hat entschieden,
sie kann beim Wettbewerb was bieten.

Sie holt ihr einen Fragebogen,
hat ab und zu diskret gelogen
und macht aus Sonderschule nur,
das beste Walldorf-Abitur.

Die Tochter ist davon begeistert,
(sie weiß noch nicht wie sie das meistert)
und macht ein Foto dann zum Schluss,
weil das in die Bewerbung muss.

Leider sind beim Fragebogen
die diversen Lügen aufgeflogen,
sodass die Jury hat entschieden:
»Sowas darf man uns nicht bieten!«

Die Mutter wird erst jetzt kapieren,
man kann durch Lügen viel verlieren,
so kriegt sie Post in jedem Falle,
da war sehr traurig die Chantalle!

Heirat

»Meine Freundin nervt mich jetzt schon drei Wochen,
weil ich ihr habe die Ehe versprochen.«

»Das ist doch prima und auch wunderbar.«

»Ich habe nur nicht gesagt, in welchem Jahr.«

Einladung zum Essen

Der Bau des Hauses war trotz vielen Krediten
und dank des guten Willens doch sehr fortgeschritten,
so konnte der Bauherr nach eig'nem Ermessen
die Nachbarn einladen, zu einem Essen.

Ein Samstag im Mai war vorgesehen,
an welchem man durfte zum Essen gehen
und so kaufte man zwei Flaschen mit sehr edlem Weine,
doch die Gattin meinte: »Es reiche auch eine«.

Die Begrüßung war herzlich zu diesem Feste,
man wusste, es gab zum Essen das Beste,
darum haben die Nachbarn auf Nadeln gesessen
und vorsorglich drei lange Tage nichts mehr gegessen.

Bereits als die Nachbarn das Wohnhaus betraten,
rochen sie schon den herrlichen Braten,
den man in der Küche hat köstlich bereitet,
sodass man besonders unter der Hungersnot leidet.

Nachdem man die Räume im Wohnhaus betrachtet
und das Zimmer gesehen, wo man übernachtet,
war man voll Lobes ob dem guten Geschmacke,
noch gab's nichts zu essen und das war doch ..... schade.

Endlich setzt man sich an die gedeckten Tische,
es gab außer Braten auch ganz frische Fische,
welche die Hausfrau hat gerne bereitet,
(die Augen der Gäste waren sichtlich geweitet).

In Töpfen dampften die herrlichsten Dinge,
»auf dass diese Feier bestens gelinge«,
meinte der Hausherr und stieß mit der Gabel,
in eine der Schüsseln,
da öffnet sein Weib ihren Schnabel:

»Bevor wir jetzt essen«, sagte sie leise,
»danken wir dem Herrgott für diese Speise
und wollen ein ausführliches Tischgebet sagen«,
(ihrem Mann samt den Gästen knurrte der Magen).

Die Nachbarn, die ließen sich leicht irritieren,
»wir werden beim Beten viel Zeit halt verlieren«,
doch die Hausherrin ließ sich überhaupt nicht beirren,
was die Nachbarn tat noch mehr verwirren.

Endlich war das Gebet nun zu Ende,
man öffnet die gefalteten Hände,

um das beste Stück Fleisch sich
schnell zu borgen,
während die Hausfrau tut die
Flasche entkorken.

Der Nachbar, der des Glaubens
kaum mächtig,
fand deshalb das Essen nur
mittelprächtig
und so haben sich beide
vorgenommen,
»wir essen niemals mehr bei den
Frommen.«

Fazit:
Das Essen schmeckt drei Mal so
gut,
wenn man zuvor nicht beten tut!

Bankraub lohnt nicht

In der Sparkassen-Stadtfiliale
stand ein Mann mit einem Schale
und dieser wollte alle male,
dass man ihm viel Geld bezahle.

Um diesem Nachdruck zu
verleihen,
tat er sich eine Knarre leihen,
er will die Bank vom Geld befreien,
er hofft, man wird ihm dies
verzeihen.

Er fuchtelt mit der scharfen Waffe,
vor der Scheibe wie ein Affe,
dass die Kassiererin ihm das Geld
beschaffe,
was sich wohl herumspricht in dem
Kaffe.

Durch einen Spalt schiebt er die
Tüte,
»jetzt wird es ernst, du meine
Güte«,
meint sie und sich dann echt
bemühte,
ihm Geld zu geben ohne Blüte.

Die Geiseln, die der Mann
genommen,
sahen alles nur verschwommen,
doch sind sie übereingekommen:
»Der Räuber soll kein Geld
bekommen.«

So drücken sie die Notruftaste,
die die Geisel mit den Händen
fasste,
was dem Räuber gar nicht passte,
denn näher war er nie dem Knaste.

Der Räuber ahnt nicht, was
geschehen
und konnte die Gefahr nicht sehen,
er wusste nur, dass die Geiseln
flehen,
möglichst bald nach Haus zu
gehen.

Der Dieb war mit dem Geld zu Gange
und es dauerte nicht lange,
bis es dem Gangster wurde bange,
als er genommen in die Zange.

Ihm erschien das alles öde,
»Ich bin für den Bankraub viel zu blöde,
darum habe ich jetzt diese Nöte,
bis sich in zehn Jahren wieder eine Chance für einen Bankraub böte.«

Die Gattin

Die Gattin musste sich entspannen,
drum fuhr sie einfach so von dannen
und der Gemahl, der zu Hause muss verweilen,
rief ihr hinterher: »Brauchst dich gar nicht zu beeilen!«

Die Gattin ließ sich jedoch nicht stören,
sie konnte diesen Ruf nicht hören,
denn sie war bereits in ein Taxi gestiegen,
um in den Club nach Mallorca zu fliegen.

Die Gattin war froh als sie endlich gestartet,
weil ihre Freundin am Flughafen wartet,
um sie in den Urlaub mit zu begleiten,
denn zu Zweit lässt sich vieles besser erleiden.

Die Gattin entspannte sich, was ja bezweckt,
mit einem Gläschen französischen Sekt
und auch die Freundin, die sie dazu überredet,
prostete ihr zu, wenn auch etwas verspätet.

Die Gattin tat sich mit dem Trinken beeilen
und als hinter ihr lagen eintausend Meilen,
da war sie selig von dem Schwips, den sie hatte,
zum Glück war weit weg der sparsame Gatte.

Die Gattin, als sie das Zimmer bezogen,
war ihrer Freundin mehr als gewogen,
denn die hatte nach bestem Gewissen,
zwei feurige Liebhaber schnell aufgerissen.

Die Gattin, die ihrem Mann in Treue ergeben,
hatte ein schlechtes Gewissen bei diesem Leben,
drum entschied sie nach eigenem Ermessen:
»Appetit wird geholt – doch zu Hause gegessen!«

Die Gattin war stolz auf ihre Entschlüsse,
was nützen ihr Liebe und feurige Küsse,
wenn daheim sitzt der Gatte in Leggins-Hosen
und um ihn herum liegen leere Bierdosen!

Die Mikrowelle

Willst du was essen auf die Schnelle,
benutze doch die Mikrowelle,
du schiebst nur das Menü hinein,
auf dass es wird genießbar sein.

Kommt's dann heraus nach vier Minuten,
erwarte nicht zu viel des Guten,
denn meistens schmeckt's nach Allerlei,
wie Hackbraten mit Erbsen und Kartoffelbrei!

Bachelor mit Kartoffelbrei

Sie hatte ein sehr hübsches G'sicht,
doch kochen konnt' sie leider nicht,
sie hat zwar ihren Bachelor-Master,
doch Küchenarbeit - ein Desaster!

So lässt sie Töpfe gleich links liegen,
»warum soll Mehl und Schmalz ich wiegen?,
damit brauch ich mich nicht quälen,
das kann keiner mir erzählen.«

Der Gemahl, der dies vernommen,
sah schon den Pizzabäcker kommen,
welcher nun zum zehnte Male,
bringt Nudeln in der Plastikschale.

»Was soll ich nur mit dieser Tusse,
die mich hindert am Genusse?,
was nützt mir Bachelor und Master,
wenn's nur gibt Pizza für viel Zaster?«

»Die Ehe hatte ich versprochen,
doch meine Liebste kann nicht kochen,
drum lass ich mich von ihr jetzt scheiden,
bin gespannt, wer zuerst verhungert von uns beiden.«

Im Badezimmer

Das junge Paar war darauf erpicht,
zu baden mal bei Kerzenlicht,
denn durch der Kerzen heller Schein,
soll es gemeinsam schöner sein.

Gesagt getan, für den Kerzenschein
kaufte man viele Kerzen ein,
welche dann in dunkler Nacht
stimmungsvolles Licht gemacht.

Das Wasser plätschert in die Wanne,
das gefiel der Frau nebst Manne,
doch beide kaum die Muse finden,
alle Kerzen anzuzünden.

Endlich war das Werk vollendet,
man war vom Kerzenlicht geblendet,
doch man sieht das Eine nur,
überall Romantik pur.

Um die Stimmung zu erhöhen,
ließ man vieles noch geschehen,
macht voller Lust die Flasche auf,
da nahm das Schicksal seinen Lauf.

Die Kerzen die am Fenster standen,
langsam ein schnelles Ende fanden,
sie brannten ab gar viel zu schnell,
plötzlich war es mehr als hell.

Die Flammen haben schnell gezündet,
wie das Liebespaar empfindet
und war alles andere als froh,
der Vorhang brannte lichterloh.

Mit der Romantik war's geschehen,
als sie das Feuer brennen sehen,
und so hat man leider was verpennt,
blöd ist's, wenn der Vorhang brennt.

Der Gourmet

Mancher wird von selber satt,
wenn er nur etwas zu essen hat,
so isst er gerne Quatsch mit Soße.
(Dieser Vers ging in die Hose.)

Im Garten

Im Garten, dort beim Rosenbeet,
die Oma mit dem Rollstuhl steht,
sie lauscht den Vöglein, welche singen
und bittet Opa, was zu bringen.

Der Opa selbstverständlich rennt,
zur Oma, welche leicht dement
und bringt ihr aus dem Fachgeschäft
das gewünschte Rätselheft.

Die Oma dankt, und wie erwartet,
wird sofort ein Geschrei gestartet,
denn der Opa, wie's halt so geht,
vergaß das erforderliche Schreibgerät.

Der Opa rennt erneut ins Haus
und kommt mit einem Bleistift raus,
damit Oma kann nach ihrem Willen,
das Rätselheft jetzt gleich ausfüllen.

Sie dankt dem Opa, und beim Schreiben
schrie sie ihn an, gleich hierzubleiben,
weil der hübsche Bleistift nicht
ihrer Vorstellung entspricht.

Er sei zu stumpf, sie kann nicht schreiben,
Opa versucht, einen Spitzer aufzutreiben,
damit er seiner Liebsten diene,
doch schnell verfinstert sich die Miene.

Nun gab es Ruhe für Sekunden,
bis Oma erneut etwas gefunden,
und lauthals aus dem Garten schrie:
»Es fehlt noch der Radiergummi!«

Der Opa, der dies wohl vernommen,
hat aus dem Küchenschrank genommen,
ein Messer mit ganz langer Klinge,
damit er endlich sie umbringe.

Eh Oma den Braten hat gerochen,
hat der Opa blitzschnell zugestochen
und als beendet das Geschäft,
floss Blut über das Rätselheft.

Beim Roulette

Herr Maier war finanziell nicht flüssig
und daher des Lebens überdrüssig,
denn er hat sich viel Geld geliehen,
was ihm die Verwandten nie verziehen.

Er hat noch ungeahnte Schulden,
die seine Gläubiger nicht dulden,
deshalb hat er nur noch Zeit bis morgen,
sich die Knete zu besorgen.

Drum bittet er den Hans, sein Vetter,
»hilf mir doch, das wäre netter«,
doch dieser hat sich strikt geweigert,
was seine Lebensmüdigkeit noch steigert.

Um dieses Drama zu beenden,
will er die Wohnung noch verpfänden,
welche ihm bis jetzt verblieb,
das war ihm aber gar nicht lieb.

Als er das Geld hat dann bekommen,
hat er ein Taxi sich genommen
und fuhr direkt – man kann es ahnen,
in die Spielbank, um dort abzusahnen.

Die Hände zittern, und in der Not,
setzt er das ganze Geld auf »Rot«,
ein kurzer Schreck, die Kugel fällt,
und weg war schnell sein ganzes Geld.

»Hätt' ich nur«, das war ihm klar,
»gesetzt statt auf ›Rot‹, nur auf ›Noir‹,
dann hätte es nicht so geendet«,
(die Wohnung war bereits verpfändet.)

Die Eiche, die da stand im Garten,
tat bereits schon auf ihn warten,
und streckt entgegen ihm den Ast,
»lieber tot, als in den Knast.«

Ein kurzer Ruck, das Seil das spannte,
er denkt an seine Lieblings-Tante,
die nur so im Gelde schwimmt,
»ach hätte ich mich abgestimmt.«

»Die würde mir bestimmt was geben,
doch vorbei ist nun mein Leben,
und muss mein Schicksal nun erdulden,
dies alles wegen meiner Schulden.«

Goldene Hochzeit

Zur Goldenen Hochzeit hat man geladen,
sie kamen aus Hessen, Bayern und Baden.
Damit das Jubelpaar Freude soll haben,
kamen aus Stuttgart auch hungrige Schwaben.

Ihr Geschenk war wie erwartet, bescheiden,
eine Schachtel Pralinen für diese beiden,
das würde genügen, war man sich sicher,
beim Essen gingen sie ran wie der Blücher.

Es gab Schweinebraten in Hülle und Fülle,
da blickten die Schwaben durch ihre Brille,
um möglichst viel für den Heimweg zu horten,
übrige Spätzle, Fleisch und auch Torten.

Um alles nach Hause zu transportieren,
taten sich beide überhaupt nicht genieren
und so meinte die sparsame Bande eben:
»Die Tupperdosen reichen uns zehn Tage zum Leben.«

Guten Appetit

»Bringst du mir die Erdnussbutter?«,
rief faul die Tochter zu der Mutter,
welche natürlich war richtig bemüht,
wie an der Figur der Tochter man sieht.

Träge wälzt sie sich in ihrem Bette,
frisst Kalorien und unnötige Fette,
doch die Mutter ist davon begeistert,
wie ihre Tochter das Leben so meistert.

So füllt sie ohne Bewegung den Magen,
»wo hat sich das bloß zugetragen?«,
das darf man ohne Weiteres fragen,
»in den USA«, so hört man sagen.

Der Fingerhut

Ein alter, rostiger Fingerhut,
der kauft einen Zylinder,
weil er meint, er steht ihm gut,
da rief das Volk: »Jetzt spinnt er!«.

Der alte Lord

Ein alter Lord, mit altem Rosse,
ritt aus seinem alten Schlosse,
um zu freien sich ein Madel,
denn er gehört zum alten Adel.

Über Schönheit kann man streiten,
»wer war wohl schöner von den beiden?«,
das konnte man sich durchaus fragen,
die Maid oder der Lord in seinen alten Tagen?

Der Lord war schon gehob'nen Alters,
sie die Tochter des Verwalters,
was jedoch wird den Lord nicht stören,
Hauptsache, sie wird ihm gehören.

Die junge Frau hat ohne Frage
Charme und ein Konto in Schweizer Lage,
und dieses kam dem Lord entgegen,
denn er brauchte den Geldsegen.

Das Pferd, des Lords war nur geliehen,
er wollte ja damit nicht fliehen,
er wollte nur viel Eindruck schinden
und seine Maid an ihm was finden.

Der Lord war wohl ein Mann von Ehre,
darum ritt er die Schindmähre,
weil er hat fast keine Mittel,
doch immerhin den Adelstitel.

Die junge Maid, die ihn tat freien,
brauchte dieses nicht bereuen,
denn als der Lord war fortgeritten,
muss sie den Gärtner nicht zweimal bitten.

Der kurze Vers

Der Denker der schrieb einen Vers,
mit lediglich vier Zeilen,
er war sehr faul und meint, »das wär's«,
denn er musste sich beeilen.

Im Weinberg

Herr Winter durch seinen Weinberg schlich,
er fühlte sich fast königlich,
denn mit des Berges satten Reben
lässt es sich doch prima leben.

Er war zufrieden ohne Ende
und er faltete die Hände,
um zu unserm Herrn zu beten,
ein solcher Glücksfall trifft nicht jeden.

Er freut sich nicht des Weines Willen
den er muss in Flaschen füllen,
nein, denn er sagt's nur leise:
»Es geht mir um die Grundstückspreise.«

»Zweitausend Euro sind viel Groschen,
da gibt es wirklich nichts zu goschen (*schelten*)«,
ein solcher Preis ward' ausgehandelt,
er freudig durch seinen Weinberg wandelt.

Das Ventil

»Das Ventil braucht man am Fahrrad und am Wagen«,
so hört man stets den Fachmann sagen,
denn es ist da, die Luft zu halten,
»sonst entweicht sie wie bei meiner Alten.«

Das Reptil

Die Schlange hinterm Sofa zischt,
der Berliner meint, »ich höre nischt«,
denn der Mann war mit Verlaub,
erstens blöd und zweitens taub.

Herr und Frau Hahn

»Ich wünsche guten Tag, Herr Hahn,
ich traf ihre Frau in der Geisterbahn.«

»Ja, derzeit ist sie nicht zu Haus,
sie hilft dort aus.«

Kaffeesatz

Um Wahrzusagen las sie ihrem Schatz
die Zukunft aus dem Kaffeesatz,
welche rosig er erwartet,
zumal die Freundin die Weissagung startet.

Tief schaut sie in den Grund der Tasse,
wühlt mit dem Löffel in der Masse,
um daraus den Schluss zu ziehen,
dass ihr Freund wird vor ihr fliehen.

Sie stutzt und stellt sich selbst die Frage,
»liebt er mich noch am nächsten Tage?«
und kramt deshalb tiefer im Kaffeesatz,
doch für Romantik ist kein Platz.

Eindeutig bewies es ihr die Bohne,
dass sie mit ihrem ersten Sohne,
den sie vom Freunde wird erwarten,
allein wird in die Zukunft starten.

Deshalb hat sie auch geschwiegen,
denn sie wollte niemals lügen,
doch der Freund der will es wissen.
Sie meint:
»mir geht's nicht gut, mir geht's beschissen.«

Das war für sie sehr hart gewesen,
doch sie nahm sich vor:
nie mehr aus dem Kaffeesatz zu lesen!!

Der Wurm

Der alte Holzwurm war sehr krank,
er fraß sich durch den Eichenschrank,
von welchem er schon Jahre naschte
und der ihn ganz plötzlich überraschte:

»Jahre stand ich in der Ecke,
nur allein zu jenem Zwecke,
dass du mich hast auserkoren,
in mir schamlos herumzubohren.«

»Nun will man mich diskret entsorgen,
um gleich zu kaufen übermorgen,
einen Sperrholz-Schrank aus Schweden«,
der Holzwurm meint, »ich fress nicht jeden.«

»Ich liebe keine Sperrholzmöbel,
die sind etwas für den Pöbel,
ich nage nicht an diesem Kasten,
drum werd' ich halt in Zukunft fasten.«

Schwein gehabt

Es lag im Stalle ganz allein,
von Bauer Kunz das letzte Schwein,
welches ist mit großen Wonnen,
dem Schlachthaus-Henker war entronnen.

Doch das Schwein, das tat sinnieren,
»warum tat ich mein Leben nicht verlieren,
sind nicht sehr wertvoll meine Schnitzel,
wer gönnt mir nicht den Nervenkitzel?«.

Der alte Eber der dies hörte,
dieses Gejammer etwas störte
und er grunzt mit Unbehagen,
ob des Schweines blöder Fragen.

»Sei froh, dass man dich heut verschonte
und mit dem Leben noch belohnte,
denn eines Tages wirst du sterben
und der Tod wird dein Verderben.«

Das junge Schwein, das dies vernommen,
ist zu der Einsicht dann gekommen,
dass es schöner ist im eigenen Dreck,
als jäh zu enden als Räucherspeck.

Der Schlossgeist

Ein Schlossgeist bei den alten Schotten,
tat mangels Besucher fast verrotten,
denn in der Burg, in der er hauste,
er spukend durch die Gänge sauste.

Er versteckte sich in Ecken,
um die Gäste zu erschrecken,
welche dann vor ihm erbleichten,
bis Geist und Schlossherr ihr Ziel erreichten.

Sie liebten die Besuchermassen,
weil gut gefüllt sind stets die Kassen,
doch seit nunmehr fast drei Wochen,
hat keiner Furcht mehr vor den Knochen.

Dem Schlossherr, dem dies schlimme Kunde,
rief das Gespenst zur Geisterstunde,
um sich mit ihm zu arrangieren:,
»Es soll jetzt wieder was passieren.«

Der arme Geist, der dies vernommen,
war leider zum Entschluss gekommen,
dass, obwohl er durch die Gänge wuselt,
sich vor ihm keiner wirklich gruselt.

Der Schlossherr hat es kommen sehen
und fragt: »Wie wird es weitergehen?,
im schlimmsten Fall nehm' ich meine Dritten raus
und spuke selbst als Geist durchs Haus.«

Fazit:
Der Schlossgeist spendet ihm Applaus.

Die gute Küche

Das Hotel hat jetzt drei Sterne
und die Küche hätte sie gerne,
doch das liegt nicht in des Kochs Ermessen,
denn es hapert mit dem Essen.

Der Koch, der kommt aus den Abruzzen
und das ist ihm nicht ganz von Nutzen,
denn nur für Spaghetti, die »al dente«,
gibt es keinen Stern am Ende.

Die edle Vase

Eine Vase, die aus Meißen,
steht auf dem Sockel im Büro,
dieses Prachtstück soll beweisen,
dass man viel Wert legt auf Niveau.

Das Teil, das wird man immer pflegen,
damit die Wertigkeit man sieht,
für das Büro ist sie ein Segen
und erhellt auch das Gemüt.

Sie war mal ein Geschenk vom Kunden,
das steht nicht auf dem Etikett
und da niemand dies herausgefunden,
tut man so, als ob man sie erworben hätt'.

Doch kürzlich lag das Teil in Scherben,
denn man hantierte ungeschickt,
die Vase kann man kostenlos erwerben,
wenn man sich nach den Scherben bückt.

Auf dem Speicher

Der Speicher ist ganz ohne Frage
ein guter Ort für die Ablage,
und so sammelt sich im Lauf der Jahre
mancherlei vergess'ne Ware.

So bieten die sehr alten Kisten
sich an, sie wieder auszumisten
und oft bescheret das Ergebnis
ein riesiges Erfolgserlebnis.

Blechspielzeug und alte Puppen,
Eisenbahn mitsamt Lockschuppen,
sind trotz des Alters sehr beliebt
und man freut sich riesig,
dass es noch solche Sachen gibt.

Drum muss man diese Schätze heben
und an einen Sammler geben,
der sich, was ja ist bezweckt,
nach altem Kram die Finger leckt.

Auch beim Menschen spielt das Alter keine Rolle
und ist derselbe auch betagt,
gibt es ja das Wundervolle:
Man ist trotzdem noch gefragt.

Viel zu kalt

Der Scheich ritt durch den Winterwald,
es lag viel Schnee und es war kalt.
Der Scheich empfand das jämmerlich,
»ich glaube das Kamel bin ich.«

In der Küche

Die Küchenmagd das Rebhuhn rupft,
während der Koch die Harfe zupft,
dadurch war der Harfenklang
des Rebhuhnes Grabgesang.

Unter der Brücke

Der Clochard hat keinen Dusel,
es fehlte ihm das Geld für Fusel
den er so sehr zum Leben braucht,
ach hätt' er nicht so viel geraucht

Verwöhnt

Heute gab's Kantinenfraß,
darum bestellt er eine Maß
die er hält für angemessen,
denn die ist besser als das Essen.

Prinz Kunos Leben

Kunibert und Kunigunde,
trafen sich zur Schäferstunde,
wo sie schnell zueinander fanden
und so ist Kuno dann entstanden.

Er wuchs heran als stolzer Knabe,
doch er hat eine besondere Gabe,
denn große Neugier plagt den Seicher*
drum spielt er auf des Schlosses Speicher.

So entdeckte er in jenen Tagen,
eine Papierrolle mit drei, vier Lagen,
welche angeblich wird kaum gespürt,
wenn man sie zum Hintern führt.

Der schlaue Kuno merkt zugleich,
solch ein Papier ist herrlich weich
und er ruft aus in jenen Stunden:
»Ich hab' das Klopapier erfunden!«

*Seicher ist ein junger Kerl

Prinz Kunos Ende

Er war ein Held in jenen Tagen,
war mit dem Schwerte kaum zu schlagen,
so hat er manche Schlacht gewonnen,
denn er war mutig und besonnen.

Und ging mal etwas in die Rüstung,
setzt er sich auf eine Brüstung,
um zu entleeren seinen Magen,
er hat ja Klopapier mit drei, vier Lagen!

Eines Tages, so die Sage,
enden plötzlich Kunos Tage,
denn es kam der schwarze Ritter
und das war für Kuno bitter.

Durch den Schwerthieb des Vasallen
ist Kuno tot vom Pferd gefallen,
doch man tut ihn trotzdem kennen,
denn nach Klopapier heut' alle rennen!

Das Stromkabel

Ein dickes Starkstromkabel lag
im Hochregal seit Jahr und Tag.
Anscheinend hat man es vergessen
und dies schien ihm nicht angemessen.

Im Regal gleich nebenan,
sprach ein Käbelchen ihn an
das ihm Respekt und Anerkennung zollt,
denn durch es fließt nur 230 Volt.

»Du Kabel mit dem Herz aus Kupfer,
gegen dich bin ich ein Hupfer,
doch es sollte uns gelingen,
uns in Erinnerung zu bringen.«

Das Starkstromkabel kam ins Grübeln
und keiner kann ihm das verübeln:
»Du hast wohl recht du kleiner Racker,
starten wir nun ein Massacker.«

»Ein Mensch soll uns die Hände reichen,
ein solcher Coup sucht seinesgleichen
und fließt der Strom durch seine Venen,
wird er sich nach Entspannung sehnen.«

Ein Jüngling schlich auf leisen Sohlen,
um die Kabel sich zu holen
die beide Strom schon mit sich führen,
förmlich konnte man die Spannung spüren.

Ein Funkenflug, es hat gebrutzelt
und der Jüngling war verhutzelt.
Das war des jungen Mannes Ende,
die Kabel klatschten in die Hände!

Ich wollte nur Humor verbreiten,
ohne ernsten Hintergrund,
doch hör ich von den ganz Gescheiten:
»Der Dichter ist ein blöder Hund.«

Drogenprobleme

Der Lehrer in der Schule spricht:
»strenger wird's im Unterricht
denn Drogen sind nun ganz verboten
sonst gibt es nur noch schlechte Noten.«

Alle Schüler sind entrüstet,
bis sich ein Eleve brüstet
und meint »dann nehm ich's in der Pause,
denn ich komm' aus bestem Elternhause.«

Der Lehrer kann das gut verstehen,
denn er hat ein Bankdarlehen
dass ihm des Schülers Vater gab,
d'rum schwieg der Lehrer wie ein Grab.

Im Schrank

Die Hose hing nach langem Tragen
frisch gebügelt in dem Schrank,
da hörte sie das Nachthemd sagen,
das neben ihr auf dem Bügel hank:
(hing)

»Du Hose musstest viel erleiden,
du bist bestimmt ganz abgewetzt,
dir ging es schlechter von uns beiden,
auf dich hat man sich d'raufgesetzt.«

Die Hose, die das Mitleid hörte,
war nahezu den Tränen nah,
doch sie etwas besonders störte,
als sie das alte Nachthemd sah.

Das Nachthemd war nicht nur zerschlissen,
auch farblich war es deplatziert,
»in mich hat jeder reingeschissen
was mit 'nem Nachthemd oft passiert.«

Das Blaue Pferd

Der Opa brauchte sehr viel Knete,
denn unter Geldnot litt er arg,
deshalb er seinen Sohn anflehte:
»Fälsch mir das Pferdchen von Franz Marc.«

Der Sohn, der gut des Zeichnens mächtig,
lehnte dieses aber ab,
er fand den Vorschlag mittelprächtig,
doch seine Kasse war auch knapp,

Darum vergaß er seine Sünden
und übte Franz Marcs Pinselstrich
und selbstbewusst tat er verkünden:
»Der malte nie so gut wie ich.«

Den Vater wollt' er überraschen
mit dem Bild vom Blauen Pferd,
es sollte füllen seine Taschen,
denn so ein Bild hat seinen Wert.

Er widmet sich dem Blauen Pferde,
bannt exzellent es aufs Papier
und hoffte, dass er fertig werde,
denn der Vater kommt um Vier.

Pünktlich um die vierte Stunde,
klingelt Vater lang und stark,
denn er wollte endlich sehen,
wie sein Sohn fälschte den Franz Marc.

Beim Anblick dieser blauen Pferde*
bekam der Vater Atemnot
und er rief dann ganz laut »merde«,
denn das Pferd war rosarot.

Er ringt nach Luft, beginnt zu beben,
brüllt ganz laut an sein einz'ges Kind
und er wollte nicht mehr leben,
denn sein Sohn war farbenblind.

Der Plural ist der künstlerischen Freiheit geschuldet.

Rubens

Peter Paul Rubens kaum aus Flamen,
er war umgeben stets von drallen Damen,
die gewaltig sind in den Proportionen,
damit sie sich zu Malen lohnen.

Die Bilder die daraus entstanden,
allerhöchste Preise fanden,
doch ich hätt' darauf gewettet,
die meisten Damen sind verfettet.

Im Museum

»Das Wetter draußen ist nicht schön,
drum lass uns ins Museum geh'n«
meinen Onkel und die Tante,
denn sie hassen Anverwandte.

Begeistert ist man schnell zu Gange
und es dauerte nicht lange,
bis das Museum wird betreten,
(doch es begeistert meist nicht jeden).

Darum schaut man mit ernsten Mienen
in die verstaubten Glasvitrinen,
in welchen gammeln Exponate,
doch das findet man nicht schade.

Und in des großen Saales Mitten,
hat die Verwandtschaft arg gestritten,
weil sie sich, wie schon seit Jahren,
wieder mal nicht einig waren.

Sie nennt ihn einen dummen Gockel,
denn sie sieht Sankt Franziskus auf dem Sockel,
während deutlich der Gemahl,
ihn hocken sieht auf einem Pfahl.

Man wird nun heftig diskutieren,
und die Contenance verlieren
und ganz am Schluss schreit jemand laut:
»Museumsbesuche, die sind out.«

Hinkelstein

Grafiksammlung

Auswahl einiger Grafiken aus den Büchern meiner Jugenderinnerungen

»Der Hintergässler«

Illustrationen von Werner Oppelt

Badefreuden

Im Freibad Damen zu betrachten
war herrlich in der Kinderzeit,
und mit einem Bohrer machten
wir die Löcher etwas weit.

In der Schule

In der Schule war's drakonisch
und das mein ich nicht ironisch,
denn durch den Stock des Pädagogen,
hab ich die Prügel oft bezogen.

Auf nach Paris

Nach Paris ging uns're Reise,
der Stadt der Liebe an der Seine,
doch teuer waren dort die Preise,
wollte man was Besonderes seh'n.

Hunger

Um keinen Heißhunger zu kriegen,
ging Oma nachts zum Küchenschrank,
weil dort die Pralinen liegen,
die machen alles, nur nicht schlank.

Exhibitionismus

Um die Kinder zu erfreuen,
stand ich einst nackt am Fensterbrett,
das tat ich hinterher bereuen,
denn Mutters Schläge war'n nicht nett.

Frohe Weihnacht

Weihnacht war das Fest der Liebe,
doch ab und zu gab's Krach im Haus,
deshalb bekam ich auch mal Hiebe
und der Gesprächsstoff ging nicht aus.

Die Diva

Im Bade lag die Diva nackt,
das Fenster, das war offen,
da hat die Neugier uns gepackt,
die Diva schaut betroffen.

Fahrkünste

Ich war einmal ein Traumchauffeur,
trotzdem passierte ein Malheur,
denn ich fuhr zu meiner Schand
direkt an die Garagenwand.

Das Korsett

Früher trug die Frau von Welt
ein Kleidungsstück, das alles zusammenhält,
und so hat Oma man beneidet
und wie man sieht – auch mich gekleidet.

Die wöchentliche Beichte

Die Beichte war für mich ein Graus,
denn der Herr Pfarrer quetscht mich aus,
er wollte alles von mir wissen,
da hab ich wieder lügen müssen.

Beim Spielen

Oftmals gab es viele Beulen,
das war beim Spielen eingeplant,
doch deshalb mussten wir nicht heulen,
das macht nur härter, als man ahnt.

Dank an alle, die mich seit Jahren bei meiner literarischen Arbeit unterstützten:

Nikolaus Arnold, Kurgeschäftsführer, Triberg

Christel Börsig-Kienzler, Schonach

Gesine Duffner, Triberg

Uwe Merz, Welschensteinach

Ernst und Friedl Obermaier, Überlingen

Werner Oppelt, Triberg

Ludwig Schoch, Königsfeld

Dr. Gallus Strobel, Bürgermeister, Triberg

Georg Wiengarn, Triberg